政客

秋战国的那些

客

高慧超◎著

中国言实出版社

图书在版编目（CIP）数据

春秋战国的那些政客 / 高慧超著. —北京：中国言实出版社，2015.10

ISBN 978-7-5171-1558-8

Ⅰ．①春…　Ⅱ．①高…　Ⅲ．①政治人物－生平事迹－中国－春秋战国时代　Ⅳ．①K827＝25

中国版本图书馆 CIP 数据核字（2015）第 225250 号

责任编辑：郭江妮

出版发行　中国言实出版社
　　　　　地　　址：北京市朝阳区北苑路 180 号加利大厦 5 号楼 105 室
　　　　　邮　　编：100101
　　　　　编辑部：北京市海淀区北太平庄路甲 1 号
　　　　　邮　　编：100088
　　　　　电　　话：64924853（总编室）　64924716（发行部）
　　　　　网　　址：www.zgyscbs.cn
　　　　　E-mail：zgyscbs@263.net
经　销　新华书店
印　刷　北京毅峰迅捷印刷有限公司
版　次　2018 年 5 月第 1 版　2024 年 1 月第 2 次印刷
规　格　710 毫米×1000 毫米　1/16　14 印张
字　数　160 千字
定　价　48.00 元　ISBN 978-7-5171-1558-8

前　言

　　秦王扫六合，虎视何雄哉！自周天子分封天下，到周幽王烽火戏诸侯，群雄并起，最终，一个起初并不强势的西部诸侯，经过数代的励精图治，一步步迈上了历史的巅峰。这其中，自然有着无数将士出生入死，浴血沙场，而自然也有着另一片暗流汹涌、危机四伏的朝堂战场。

　　并不是秦国一开始就国力强劲，也不是各路诸侯起初就昏聩无能。平定天下的战争，并不是仅仅凭借着勇气和鲜血的殊死搏杀，秦国强大的国力，也不是凭空而来。一个国家的力量，并不只有披坚执锐的将士，也有看破重重迷雾、指点未来的智者。

　　天作棋盘星作子，地为琵琶路为弦。无论在什么时代，总会有一个个闪耀着智慧光辉的名字，凭借着刀剑之外的力量，搅弄风云，扭转乾坤。他们的武力或许不足以战胜一名训练有素的普通战士，但是，他们的思想和谋略，却可以改写历史。

　　从管仲相齐开始，九合诸侯一匡天下的宏大霸业，震撼人心，算尽人心的名相，因势利导，用智慧的力量，让刀剑屈服；孙叔敖到底站在了什么样的层次，才一步步引导着荆楚，融入了中原？至于大器晚成、脍炙人口的五羊名臣百里奚，言辞锋利、名传千古的晏婴，到底有着哪些令人折服的人生智慧？卧薪尝胆的勾践固然令人铭记，然而站在他背后的范蠡，又是凭着一封怎样的书信，就能在朝堂之上，引起君臣反目，乃至绵延君臣相疑之裂痕数千年？美好的西子传说，商圣陶朱的美名，这其中，又有着如何令人震撼的是非曲直？

商君变法，开秦王朝一朝伟业；屈子沉江，留《离骚》传颂千古；张仪戏楚，唇舌之下，蕴藏着百万雄师都难以企及的力量；吴起杀妻，这其中到底含着怎样的孤独？吕不韦修成的那一部《吕氏春秋》里，又怎么能尽言他自己惊心动魄、跌宕起伏的历史传奇！

那一场场绵延千年、波澜壮阔的明争暗战，至今历历在目；那一段段机锋言辞，谈笑之间，似乎还有惊涛骇浪翻腾；那一次次蕴含了超越时代智慧的政治改革，掩卷而思，依旧惊艳无比，令人叹服。

中华民族从来不缺少英勇善战的将军战士，也自然不会缺少用智慧刺穿重重阴云的贤者。这样的贤者，似乎并不能完全用政客来为他们划定范围，因为，他们之所以伟大，并不因成败，而是因思想之光芒。

谨以此书，为您展现一个风云激荡的时代，那些曾经的智者，或许依旧用他们的智慧，为今天的我们指点未来。战争之所以残酷，源自胜败可以决定历史，智慧之所以崇高，源自灵魂可以穿透时光。

世间万事，纷扰陈杂，当迷惘之时，愿您翻开本书，感悟先贤智慧，品味别样人生。

前 言

　　秦王扫六合，虎视何雄哉！自周天子分封天下，到周幽王烽火戏诸侯，群雄并起，最终，一个起初并不强势的西部诸侯，经过数代的励精图治，一步步迈上了历史的巅峰。这其中，自然有着无数将士出生入死，浴血沙场，而自然也有着另一片暗流汹涌、危机四伏的朝堂战场。

　　并不是秦国一开始就国力强劲，也不是各路诸侯起初就昏聩无能。平定天下的战争，并不是仅仅凭借着勇气和鲜血的殊死搏杀，秦国强大的国力，也不是凭空而来。一个国家的力量，并不只有披坚执锐的将士，也有看破重重迷雾、指点未来的智者。

　　天作棋盘星作子，地为琵琶路为弦。无论在什么时代，总会有一个个闪耀着智慧光辉的名字，凭借着刀剑之外的力量，搅弄风云，扭转乾坤。他们的武力或许不足以战胜一名训练有素的普通战士，但是，他们的思想和谋略，却可以改写历史。

　　从管仲相齐开始，九合诸侯一匡天下的宏大霸业，震撼人心，算尽人心的名相，因势利导，用智慧的力量，让刀剑屈服；孙叔敖到底站在了什么样的层次，才一步步引导着荆楚，融入了中原？至于大器晚成、脍炙人口的五羊名臣百里奚，言辞锋利、名传千古的晏婴，到底有着哪些令人折服的人生智慧？卧薪尝胆的勾践固然令人铭记，然而站在他背后的范蠡，又是凭着一封怎样的书信，就能在朝堂之上，引起君臣反目，乃至绵延君臣相疑之裂痕数千年？美好的西子传说，商圣陶朱的美名，这其中，又有着如何令人震撼的是非曲直？

商君变法，开秦王朝一朝伟业；屈子沉江，留《离骚》传颂千古；张仪戏楚，唇舌之下，蕴藏着百万雄师都难以企及的力量；吴起杀妻，这其中到底含着怎样的孤独？吕不韦修成的那一部《吕氏春秋》里，又怎么能尽言他自己惊心动魄、跌宕起伏的历史传奇！

那一场场绵延千年、波澜壮阔的明争暗战，至今历历在目；那一段段机锋言辞，谈笑之间，似乎还有惊涛骇浪翻腾；那一次次蕴含了超越时代智慧的政治改革，掩卷而思，依旧惊艳无比，令人叹服。

中华民族从来不缺少英勇善战的将军战士，也自然不会缺少用智慧刺穿重重阴云的贤者。这样的贤者，似乎并不能完全用政客来为他们划定范围，因为，他们之所以伟大，并不因成败，而是因思想之光芒。

谨以此书，为您展现一个风云激荡的时代，那些曾经的智者，或许依旧用他们的智慧，为今天的我们指点未来。战争之所以残酷，源自胜败可以决定历史，智慧之所以崇高，源自灵魂可以穿透时光。

世间万事，纷扰陈杂，当迷惘之时，愿您翻开本书，感悟先贤智慧，品味别样人生。

目　录

前言 ……………………………………………………………… 1

修政恩民，仁心未必弱兵戈——百里奚 ………………………… 1

　谁是他的鲍叔牙？ ……………………………………………… 2

　怎么落到这么惨？ ……………………………………………… 7

　如何成了秦大夫？ …………………………………………… 16

　靠什么称霸春秋？ …………………………………………… 19

兵者无情，孤身独行应不悔——吴起 ………………………… 25

　为什么要杀妻取信？ ………………………………………… 26

　到底为何多国辗转？ ………………………………………… 30

　变法到底得罪了谁？ ………………………………………… 36

　早已注定悲惨结局？ ………………………………………… 39

因势利导，算尽人心成霸业——管仲 ………………………… 45

　为什么鲍叔牙会推荐他？ …………………………………… 46

到底如何完美地拔鹅毛? …………………………… 50

怎样运用好财富的力量? …………………………… 56

这场改革真的成功了吗? …………………………… 62

道法自然，从此荆楚入中原——孙叔敖 ………… 68

这是一个多险恶的楚国? …………………………… 69

为什么不担心人之三怨? …………………………… 73

如何让楚国融入了世界? …………………………… 78

遗命凝结了怎样的智慧? …………………………… 83

言辞如剑，谈笑之间平天下——晏婴 …………… 90

霸主怎么会败落至此? ……………………………… 91

哭祭君王只因为忠诚? ……………………………… 96

如何给齐国带来转机? ……………………………… 101

为什么坚决反对孔子? ……………………………… 106

看破盈亏，宠辱浮沉随心定——范蠡 …………… 111

吴越的恩怨到底是从何而来? ……………………… 112

靠什么让勾践对他言听计从? ……………………… 120

西施在他的眼里到底算什么? ……………………… 124

一封书信就能导致君臣反目? ……………………… 127

成败皆法，王朝兴废谁人定——商鞅 …………… 133

在魏国为什么不受重用? …………………………… 134

秦孝公凭什么支持商鞅? …………………………… 138

变法给秦国带来了什么? ……………………………… 142

法令决定了王朝的兴废? ……………………………… 147

高洁美政，难挽王侯自甘污——屈原 ……………… 154

美政到底是什么? ……………………………………… 155

为什么功亏一篑? ……………………………………… 159

理想主义的惨败? ……………………………………… 163

楚国到底错在哪? ……………………………………… 166

纵横捭阖，天下为局众皆子——张仪 ……………… 175

和苏秦到底是什么关系? ……………………………… 176

合纵究竟为何败给连横? ……………………………… 180

为何能够两次戏弄楚国? ……………………………… 186

秦武王为什么讨厌张仪? ……………………………… 192

儒墨道法，书尽春秋兴亡事——吕不韦 …………… 196

为什么选择了落魄的异人? …………………………… 197

赵姬在漩涡中到底算什么? …………………………… 203

编《吕氏春秋》有什么用? …………………………… 206

淫乱宫廷的嫪毐害死了他? …………………………… 209

修政恩民，仁心未必弱兵戈——百里奚

　　出身贫寒，仕途坎坷，郁不得志，直到国家灭亡，依旧蹉跎岁月。然而年过半百之后，被秦穆公重用，改制行政体系，开化民智，仁政安国。雄心勃勃的秦帝国凭借刀兵没能实现的称霸梦想，却被他用仁义的力量，缓缓托起。扬长避短，运筹帷幄，为秦国未来一统天下奠定了坚实的基础。他，就是那个被五张羊皮赎回来的亡国之臣——百里奚。

谁是他的鲍叔牙?

　　袅袅的炊烟如同少女的轻纱随风轻摆，小村枕着溪流，如婴儿般安详枕在母亲温软的臂弯里。劳作了一天的农夫们三五成群，开心地叫嚷着，互相打趣着，从田间向家中走去。这其中，有一位穿着朴素，却气质出尘的中年人，微笑着，并不与旁人嬉闹。只是安静地跟随着大家，一步步走着。

　　这里是一个并不富裕也不贫瘠的小山村，大家并没有太多地受到混乱世道的影响，每天只是按照祖辈世代的路蹒跚而艰难地前行着。没有大人物喜欢把目光放在这样一片小村子，同时，也并不会把他们争霸天下的梦想和欲望灌输进来，因为并不值得。这些农人只要稍稍努力劳作，缴上赋税就足够了，温和的气候与勤恳的心态，让这里成为了诸侯征战中一片难得平静的乐土。

　　大家也很享受这一切，那些遥远得令人难以理解的大人物们，以及那些如狼似虎的兵老爷们，对于村子并没有什么特别的关注，大伙并不像大城市里那般，虽然看似繁花似锦却暗流涌动。这里每一个人，几乎都互相了解，完全无需防备，可以插科打诨，打趣闲聊。他们对彼此，对一切，都充满着仁慈，而不像外面，互相充斥着利用和敌意。

一壶浊酒，两三小菜，一张被时光刻满了痕迹的破木桌，摆在稀疏篱笆围成的小院子里，和着风戏弄竹叶的沙沙声，几个人放肆地袒胸露怀，饮酒嬉闹着。那个安静的中年人也在其中，他只是浅浅地酌着，虽然这酒的味道不算好，但是这份平静与安稳，却令人沉醉。

太阳渐渐有些倦了，想要回到山的那一边好好休息一下。金色的余晖穿过摇曳的竹林，满地光斑也随之晃动，如同精灵般在小院和旧桌面上舞蹈。在酒精的作用下，大家都有些乏了，困了。于是纷纷起身告辞，中年人一一致意告别，开始收拾他的小院。

银色的月光如水一般，给这个渐渐安静下来的小院笼上了一层似真似假的轻纱。中年人一面收拾着小桌，一面嘴里念叨着，念叨着那些他从未与农人朋友们提起过的天下。似哭似笑，如癫如痴。片刻，小院子里的声音小了，他似乎也是有些醉了。

笃笃的敲门声让中年人回过神来，一个看起来饱受饥饿折磨的男人有气无力地倚在他的院门前。两人对视了一眼，中年人邀请这个流浪者进了屋，给了他一些饭食。

昏黄如豆的灯光下，饿了很久的流浪者狼吞虎咽着。虽然他读过的书本中曾经提出过，君子用膳之时，应讲究礼节与仪容。但在此时，显然什么礼仪也无法完全抵抗饥饿带来的冲击。坐在对面的中年人饶有兴致地看着他，并不说话。

流浪者似乎是缓过些力气来，整理了一下仪容，口中道谢。灯光很暗，低沉的风呜咽着，气氛有些压抑，月亮也似乎有些吝嗇自己银色的光辉，躲藏着，遮掩着，又像是在掩面轻笑，亦如那荒唐的命运。

　　流浪者虽然有些落魄，但是身上却有着一种与众不同的气质，固然艰辛的生活给他留下了很深刻的痕迹，可他却并不沮丧，颇有几分孤傲的风度。粗糙却足以果腹的食物显然让他恢复了几分神采。他极有风度的，用抑扬顿挫的声音，开始向救了他一命的中年人介绍自己。

　　"吾本虞人，饱读韬略，胸中锦绣，不甘沉沦，四海寻主，却尽蹉跎，虽有妙算，难堪世事，纵有神机，易遭人妒！"

　　起初，低沉而又有些沙哑的声音回荡在这间简陋的小屋里，渐渐地，他的眼中似乎闪耀着逼人的神采。到了后来，情绪越发激动，手舞足蹈的样子，就像一个癫狂而吵闹的孩子。他的不甘、落寞，以及坎坷波折的人生，都像是命运给予他最无情的嘲弄。慢慢地，他低下了头，就好像对自己忽然间的失态表示歉意一般，缓缓地说道：

　　"姜姓，百里氏，名奚，字子明。承蒙恩泽，没齿难忘。"

　　"蹇叔，村野闲人。"

　　百里奚有些愕然，眼前的中年人显然并不是一个简单的村民。他能够从对方的眼中看到阅尽沧桑的睿智和风轻云淡的风度。而且很奇怪，对方似乎又并不像是完全超脱了世俗的出尘隐士，自有一股拒人于千里之外的冰冷和漠然。反而，一种令人感到舒服的、亲切而温润的气息，让人忍不住生出信任之感。

　　对方显然不是故意为之，这种闲适而温和的感觉定然不是刻意做出。百里奚对蹇叔产生了极其浓厚的兴趣。但显然，毫无顾忌地打听刚刚救了自己一命的恩人的底细，不是君子所为。

百里奚能够有足够的信心辗转四方，游说君王，定然是有真才实学的，从来自负才华之辈都是心高气傲的。然而当他面对这个风轻云淡却又显然并不简单的中年人时，却始终有一种隐隐为之心折的奇怪感觉。

百里奚在游宦各国的路上屡屡碰壁。似乎昏聩傲慢的君王与嫉贤妒能的奸佞小人总是成双成对，而且总是出现在百里奚的面前。种种苦楚与艰辛，在高傲的百里奚心中掩藏得很好，却无法回避。苦难的命运时时刻刻嘲笑着这个四处碰壁的年轻人，却又对别人摆出一副慷慨的面容。

一路失败的游宦让百里奚原本就不富裕的行囊越来越空，以至于最后到了为饥饿所困的凄惨境地。就在此时，命运似乎悄悄为这个年轻人推开了那厚厚的屏障，牵引着他，一步步走向了蹇叔所在的这个小村子，就此，开启了百里奚全新的人生。

而蹇叔似乎也发现了百里奚的不同寻常。命运似乎从来不会无缘无故地去刁难一个普通人。人之所以痛苦，常常是追求了错误的方向。而值得尊敬的，是能够坚持下去的决心和勇气。若是守着自己家乡小村子的那一两片薄田，除了游手好闲之外似乎并不至于沦落到因饥饿而威胁生命的地步上。而百里奚有勇气和决心，敢于把自己的人生赌在游宦的路上，定然不会因为无能懒惰而混到如此下场。

两人谈兴甚浓，从天下到君臣，从是非到成败，彻夜的长谈让双方都隐隐发觉了对方的不同寻常。百里奚似乎找到了一个足够优秀的倾听者，而蹇叔，却好像看到了一粒蒙尘的明珠，酝酿着蜕变的光芒。

两人渐渐成为挚友，百里奚依旧渴望着他的明主，而蹇叔依旧风轻云淡地与乡人品尝浊酒，不过，百里奚在蹇叔的盛情之下，留在了这个小村，留在了蹇叔家里，等待着命运重新开盅的那一刻。

齐国公子无知杀害齐襄公的政变震惊天下，随后召集天下贤士的消息渐渐传到了小村。而当百里奚打算前去应召的时候，蹇叔却阻止了他，并告诉百里奚：一个连自己父亲都能杀害篡位的君主，名不正言不顺，必定不是明主。百里奚听从了蹇叔的劝告，没有前往应召。

不久之后，公孙无知出游雍林，遭大夫雍廪刺杀而死，大量公孙无知的近臣党羽，遭到了沉重的打击。随后的争位之战中，公子小白越过了重重阻碍，定鼎乾坤。而当时辅佐政敌公子纠的罪臣管仲，却得到了鲍叔牙的一力举荐，平步青云，登上了历史的舞台。

而百里奚却依旧安静地在这个小村子中蹉跎着，至少他自己是这么认为的。他似乎有些羡慕，也有些伤感，自问并不比管仲在治国之道上差了什么，然而，命运中却好像差了一位能够引荐自己，得到明君赏识的"鲍叔牙"。

但是百里奚不缺少这点耐心。不久之后，周厉王之弟王子颓又开始招贤纳士，王子颓很喜欢斗牛，凡是能够给他养好牛的人，都得到了优厚的待遇。百里奚有些跃跃欲试了。凭借自己的才华，难道不能通过养牛，再接近这位贵族，进而辅助他，成为一代传奇吗？

于是百里奚收拾行装，准备前往应召。此次，蹇叔并没有直言劝阻，只是临行之时，悄悄地对百里奚念叨了两句：

"应召投奔，选对人很重要，若是此人并不对路，你享受了别人的待遇，也就相当于把自己的身家前途交给对方了。若是背弃并离开，那可是不忠；可是，若是主君昏庸无能，却又要一直跟随辅助，那可谓就是不智了。兄弟，你这一去，要小心！"

> 丈夫不可轻失身与人，仕而弃之，则不忠，与同患难，则不智。此行，弟其慎之！
>
> ——《东周列国志》

对前途的渴望成为百里奚前行的动力，百里奚果然凭借着卓越的才能逐渐走进了王子颓的视野，并得到了重视。而正当百里奚志得意满时，他并没有忘记那个曾经照顾和帮助过自己的蹇叔。很巧，蹇叔也来到了百里奚为官的洛邑。于是，两人携手前往，拜会王子颓。

然而，回到住处之后，蹇叔却很严肃地劝阻百里奚："王子颓其人志大而才疏，而且多用阿谀奉承和无能之辈。将来必难成事，不如就此别过，免受其害。"百里奚再一次相信了蹇叔的判断，与蹇叔共同离去。不久之后，王子颓叛乱称帝，失败被杀。

百里奚似乎再一次回到了原地。他依旧在等待着，渴望着自己的"鲍叔牙"。而蹇叔，也在等待着，劝阻着，让自己的兄弟两次没有应召为官。

怎么落到这么惨？

离家数年却依旧没能在朝堂上谋求到自己一席之地的百里奚很伤感也很寂寞，虽然蹇叔依旧让自己心折，虽然他也明白自己因蹇叔的建议躲过了两次足以致命的灾难。然而他依旧不甘心，毕竟，他的明君雄主没有出现，他的"鲍叔牙"好像也不知所踪。

　　几次建言让兄弟辞官避祸的蹇叔也并没有继续闲云野鹤地逍遥生活，他明白兄弟百里奚的梦想与渴望，虽然自己出于对局势和前途的判断，让自己的兄弟避开了祸端，却也实实在在终结了他的梦想。于是他找到了自己的一位旧友宫之奇。

　　此人在虞国为官，颇得君王信任。蹇叔向宫之奇盛赞了自己兄弟百里奚的才华，并且希望老友能够予以引荐。宫之奇很重视蹇叔的友情，也相信他的眼光。不久之后，百里奚就得到了晋见虞国君王的机会，这一次，蹇叔决定，与百里奚一同前往，看看虞君到底能不能成为兄弟的明主。

　　虽然宫之奇是蹇叔的朋友，但显然虞公不是。虞公有些贪图小便宜的品格在这场接见中被蹇叔发现了。他虽然有些失望，但是却明白，若是让百里奚去辅佐这样的主公，显然依旧如辅佐公孙无知与王子颓一样，必然会殃及到百里奚。于是他再一次劝告自己的兄弟，希望他能够继续等待更好的机会和平台。

　　然而，时光和命运让百里奚有些焦急了。他已不再年轻，也不再希望为了一个所谓"合适"的平台和机会继续等待了。虽然百里奚有些失去了耐心，但是他依旧有着自信，就算是这个平台有些问题，凭借着自己的才华，未尝不能改变！

　　于是这一次，再也耐不住平淡而寂寞生活的百里奚决定要凭借自己的本事好好做一番事业。好朋友蹇叔提出的意见固然中肯，他之前的两次推断完全可以称得上是拯救了自己的政治生命，然而现在，他觉得蹇叔为他已经做的足够多了。自己有必要真真正正地凭借才能，闯荡出一片崭新的天地了。

　　下定决心放手一搏的百里奚就此步入了虞国政坛。一腔压抑太久的热血就像火焰一般熊熊燃烧，曾经蹉跎的年华和遭受过的苦难就像毒药一般迅速击碎了他谨慎与明哲的心防。正当百里奚打算大干一场向世界证明自我的价值时，野心勃勃且兵强马壮的晋国向虞国提出了一次军事外交需求。

晋献公计划对虢国进行军事征伐，而虞国，却恰好处于两国之间的要害之地。晋献公并没有凭借强大的武力粗暴地对待这个国力弱小、处于要害缓冲之地的虞国。反而遣使来访，提出"借道"讨伐。

向来弱国无外交。在烽烟四起的乱世里，任何礼法和规则的约束力，都被强大的武力破坏到了史无前例的程度。原本晋国完全可以凭借强劲的武力直接通过缓冲区域虞国，然而彬彬有礼的晋王，却郑重地提出了"借道"而行的外交要求。本来就对晋国心怀畏惧的虞王就此答应了晋国的借道诉求。于是晋军过境，攻破虢国下阳后，果然对虞国秋毫无犯，规矩撤军。

> 十九年，献公曰："始吾先君庄伯、武公之诛晋乱，而虢常助晋伐我，又匿晋亡公子，果为乱。弗诛，后遗子孙忧。"乃使荀息以屈产之乘假道于虞。虞假道，遂伐虢，取其下阳以归。
>
> ——《史记》

不光是百里奚，那个引荐了百里奚走向虞国政坛的蹇叔旧友宫之奇似乎也发现了这个事件中，虞国所处的位置十分微妙，在整场晋国讨伐虢国的战争中，虞国并非如自家君王所认为的那般弱小。客观上来说，虽然晋虞两国的军事实力和综合国力相差较大，但是如果与虢国保持相对亲密的关系，两国通过地理上的优势并联合国力，晋国并不具备压倒性的优势。

如果换一种方式处理，虞国不完全为晋国讨伐虢国打开方便之门，仅仅不反对也不应答，虢国的实力以及漫长的战线足以给晋国带来相当大的困扰。而且晋国和虢国之间的仇恨，从当初晋献公为太子之时就已经开始，显然并非是一个下阳就足够清算的。况且复仇的同时又能够获得切实的利益，晋国完全有可能继续与虢国开战。此时，若是虞国愿冒风险与虢国共同对敌，那么自然极有可能击败晋国后获得最大化的利益；而退而求其次，不再借道晋军，拉长其战线，坐观晋虢两国征伐，待价而沽也未尝不可。

一场博弈，若是双方势均力敌，那么自然精彩无比，若是强弱分明，自然弱势方举步维艰，如履薄冰；若求翻盘，唯有增强自身，限制对手。两个势力通常无法共存，而三方却常常可以维持住诡异的平衡。因为没有任何一方可以有足够的力量扭转乾坤，也不会有聪明的弱者一开盘就被踢出局。

百里奚和宫之奇显然发现了这其中的问题。虞国的危险并不在于一个国力强大虎视眈眈的邻居晋国，而是在于站在本国权力之巅者的视野和思维存在着先天的缺陷。看似启用了百里奚的虞王并不是很在意他的意见，看似尊重他，实际上仅仅是为了敷衍宫之奇而已。虞王没有明白，现在国家已经站在了命运的刀刃上。一次错误的选择足够让他和他的一切一起下地狱。虞公认为自家与晋国是远方血亲，上一次晋军"有礼貌地借道"和"给面子地撤退"恰恰证明了自己的判断。然而却没有在意自己几位臣子所提出的：比虞国与晋国血亲关系更密切的周边国家已经有数个遭到消灭，晋国的欲望和野心，绝对不会被所谓的祖上血亲关系所约束。

至此，宫之奇与百里奚等臣子最担心的事情发生了：晋国再一次派出了使臣，请求"借道"讨伐虢国。这一回，晋国使臣竟然带来了虞国君主喜爱已久的美玉和骏马作为"借道"的礼物！

原本晋王并不舍得如此贵重的礼物，然而此次出使的晋国大臣荀息早在出使之前，就已经制定了"行贿借道，重利诱虞，讨伐虢国，各个击破"的兴邦大计，而当晋献公对此犹豫之时，荀息笑言："虞国君王贪图重宝，此番必定答应借道。原本虞虢两国，恰如唇齿，而被美玉宝马蒙蔽了眼界的虞王定然会抛弃原本既定的联盟政策，此次出战，虢国必败，我方定要斩草除根。没有了虢国的牵制，我军灭掉虢国之时，就是回师击溃虞国之日，如此一来，虞国又凭借什么，能够抵挡士气高昂、战力正旺的我军。这宝马美玉，就是暂时寄存在虞国罢了，而这寄存的代价，一个虢国还不够，还要加上整个虞国！"

晋献公心中大喜，主意已定，于是就有了荀息出使虞国、携美玉宝马拜会借道的计策。虽然虞国君王被眼前的利益蒙蔽了双眼，但是百里奚和宫之奇显然并不是易与之辈，他们早已看穿了晋国的熊熊野心，自然知道可怕的晋国定然不会如此轻易地放过虞国这块送到嘴边的肥肉。眼前的利益能够冲昏君王的头脑，却不足以让具备着出色战略视野的宫之奇和百里奚也乱了方寸。于是，两人商议之下，宫之奇上书进谏：虢国为我虞国屏障，可谓是抵挡风雨的第一道防线，称之为唇，称我为齿，毫不过分，然而从来唇亡齿寒，虢国灭亡，虞国也定然殉葬！

> 晋侯复假道於虞以伐虢。宫之奇谏曰：虢，虞之表也；虢亡，虞必从之！
>
> ——《左传》

　　但是无论是百里奚还是宫之奇，他们能够看穿晋国的计策，却没能读懂自家君王的心。相反，作为对手的晋国大臣荀息，却比他们更加了解虞王的弱点，并且将这个足以致命的缺点无限放大，以致大到让百里奚和宫之奇无法逆转的程度。

　　没有什么比敌人深刻地洞悉和利用自家领导的缺点更可怕的事情了。对于臣子来说，自己纵然有千般才华与能力，但不能让这份才智转化为决策者的命令也无济于事。敌人或许在才智与计策上与宫之奇和百里奚等人不相上下，但是他们却拥有着百里奚等人完全无法战胜的一块最重的筹码。荀息的计谋能够获得己方决策者的全力支持，即便是计策本身不如百里奚、宫之奇等人，也依旧能够对百里奚等人产生难以挽回的、毁灭性的打击。

　　百里奚等人最大的缺陷并非是才华与智谋，也不是当初的选择，而是这份选择之后，自身对君王的决策难以产生影响，而且没有尽力改变这一状态。虞王足够尊敬他的臣子，高官厚禄，锦衣玉食，然而在决策之时，却依旧没有采纳他们的建议和计谋。百里奚等人早应比荀息更加了解自家君王的缺点，甚至更有机会改善这种缺陷。但是，他们却始终把自身的才华和智谋用于这个问题解决之后的假设之上，万万没有想到，没有解决这个先天因素，之后所有的规划与智谋，都是无根浮萍。

　　晋王这一次不再打算把"借道"进行到底了。他希望以后这条道路就此属于晋国，而不是每次想要做什么就要"借"。转移所有权的方式有很多，其中最粗暴也最一劳永逸的，就是征服。

　　虢国再一次被"借道"而来的晋军穷追猛打，三方势力的诡异平衡就此被打破了。收下了晋国厚礼的虞公深感恩情，甚至提出派兵充当先锋部队，与晋军共同攻打虢国。然而，几乎每一位在历史上留下了痕迹的君王，都会站在自身立场和国家利益的角度上去思考和处理问题。纵然是仇敌，也可以谈笑风生，共商大计，即使是血脉亲人，也可以挥舞起由欲望和利益催动的锋利屠刀。

公元前 655 年，晋国与虞国的联军高歌猛进，势如破竹。虢国就此消失在了历史的舞台上。摧毁虢国的晋军，士气高昂，战力正旺。于是，到了虞国为收下的美玉和宝马付出代价的时候了。

当年让晋王好一阵肉疼心酸的"借道费"就成了鼓舞晋军继续开疆拓土的强大推力。失去了虢国牵制的晋军显然不仅仅只会满足于讨回当初送来的美玉和宝马。他们想要的更多，比如，整个虞国。

三方势力本可以互相牵制和平衡，而当相对弱小的两方联盟中的一方已经烟消云散之后，强者自然需要获得自己需要的资源和财富来满足欲望，而弱者在刀兵面前，毫无反抗的余地。在劝说虞王不可借道未遂之后，宫之奇这位才能出众而性格却并不冲动的聪明人，选择了趋吉避凶。

并非是宫之奇不够忠诚，只不过是冷静罢了。他知道当虢国灭亡之后，自己所在的虞国也即将毁灭了。与其和这个国家一起完完全全地消失，还不如早日脱身，日后焚香祭祷，也算是保存了虞国曾经存在过的一丝痕迹。当事不可为之时，就选择看似无情不忠的退避，减少损失恰恰是眼前最为理智的办法了吧。

聪明人宫之奇选择了无情而理智的处理方式，而百里奚显然还记得当年蹇叔对自己说过的话。选择昏庸的君主后，面对危险而离去是谓不忠，然而预知到了危险却不能及早脱身，是谓不智。已经饱尝了人生坎坷的百里奚似乎是有些累了，有些无奈，他只希望灾难再晚一些到来，能够再多给他一些时间，让他能够更多地施展一些才华，来挽救这个危如累卵、千疮百孔的虞国。

然而有些情绪化的百里奚这一次并不能再像之前那样避过灾难了。原本因为蹇叔的预判和自己的理智所做出的选择与现在将命运寄托在晋军能够放虞国一马的期望相比，完全是本质上的差别。所谓的智者，从来都会尽量将局势的发展掌控在自己的手中，而不是寄托于运气。这一次，百里奚的运气显然不够好。

按照晋国原定的战略计划，扫平了虢国的大军士气正旺，有些弱的虢国似乎根本无法满足虎狼之师的战斗欲望。被开疆拓土的军功和横飞的鲜血刺激得杀气四溢的战士们根本舍不得就此罢手。更何况，原本晋国的国家战略部署中，虞国也是这次战争的战略目标之一。

晋国不会再给百里奚和他辅佐的虞国机会了。就像先前宫之奇等人预料的那样，唇亡齿寒。显然虞国难以抵挡这逼人的寒冷。宫之奇早早离去，而百里奚也终于到了面对不忠还是不智这个艰难选择的时刻了。虞王收下的美玉和宝马，成了这场力量悬殊对抗的奖品，也成了斩断百里奚政治命运的致命屠刀。

> 是岁也，晋复假道于虞以伐虢。虞之大夫宫之奇谏虞君曰："晋不可假道也，是且灭虞。"虞君曰："晋我同姓，不宜伐我。"宫之奇曰："太伯、虞仲，太王之子也，太伯亡去，是以不嗣。虢仲、虢叔，王季之子也，为文王卿士，其记勋在王室，藏于盟府。将虢是灭，何爱于虞？且虞之亲能亲于桓、庄之族乎？桓、庄之族何罪，尽灭之。虞之与虢，唇之与齿，唇亡则齿寒。"虞公不听，遂许晋。宫之奇以其

族去虞。其冬，晋灭虢，虢公丑奔周。还，袭灭虞，虏虞公
及其大夫井伯百里奚以媵秦穆姬，而修虞祀。

——《史记》

　　弱小的虞国面对晋军的攻击，就像一个幼子面对一个成年人
的狂殴一般，毫无反抗之力。收下了重礼的虞王最后也没有明白
为什么血脉亲情竟然抵不过美玉和宝马。自己祭祀给神明的干净
贡品为什么不能换来神明对国家的保佑。当他发觉归还之前的礼
物也不能阻止晋国的攻击，寄予厚望的神明似乎不见踪影之后，
并没有真正去思考虢国的灭亡到底给自己带来了怎样的灾难。他
只是觉得无奈和痛苦，毕竟传承多年的国家和权力，就此离自己
远去了。

　　宫之奇早早远遁，给自己心中那个虞国摆上了祭祀的贡品，
焚香燃起的袅袅青烟飘荡着，就像那个曾经深埋心底的梦想——
建设一个强大的虞国一般，香气四溢，美妙却又虚幻。而百里奚
的梦想，却连青烟也不如了，因为他的政治生命，结结实实地挨
上了晋国这一刀。青烟固然缥缈虚幻，但总归是自由的。

　　这一次百里奚似乎跌到了人生的最低点。当年在竹林中与蹇
叔自由自在的论道和虽然清贫却无比逍遥的生活也离自己远去
了。没有亡国之臣能够悠闲而逍遥地过日子，伴随着这些臣子
的，只会是死亡和无尽的黑暗。

　　虞王被生俘，百里奚成了奴隶。在那个混乱的时代里，人命
亦如草芥，何况是奴隶！还好，百里奚多年的艰苦生活不光给他
留下了时光的伤痕，也让他有了一副足以抵御辛劳的好身体。痛
苦的奴隶生活不但让百里奚品尝到了迄今为止最为苦涩的结果，
而且彻底磨掉了他的高傲。

百里奚就此度过了人生最为黑暗的一段时光。他最大的失误并非源自于选择虞王，而是在于选择虞王之后，并不能改善和解决虞王的性格弱点，并且没有计算清楚，留给他纠正这个缺点的时间，不多了。

如何成了秦大夫？

百里奚凭借着出色的身体素质顽强地活着，等待着、盼望着那个无需他来耗费精力改善性格缺陷的明君能够出现。但是晋王显然并不是他要等的人。作为一名被物化的奴隶，他成为了公主的嫁妆中的一件财物。

命运的嘲讽和玩弄让百里奚身心疲惫也委屈无比。他显然有些愤怒，作为一个自视甚高的能臣，他难以接受如此卑微的身份。于是，在秦晋通婚的车队出发不久之后，百里奚选择了逃跑。

当年为了取悦王子颓而培养的养牛技术，成了百里奚谋生的手段。他逃到了楚地南阳，靠着为人牧牛为生。然而这一次，百里奚似乎终于得到了好运气，当年多处的漂泊与奔波，让这个屡屡失意的放牛人贤名远传，甚至传到了秦穆公的耳朵里。

秦穆公显然不是喜欢百里奚的养牛之术，他所看中的是百里奚的才华，但是在诸侯互相攻伐的岁月里，任何国家之间都有着永恒的利益冲突，所有诸侯从本质上来说都是敌人。没有一个君王会轻易把一个有才华的人轻易交给敌人，即便不能为自己所用，那么防止敌人得到人才，杀掉显然是更好的选择。

秦穆公选择了大张旗鼓地向各路诸侯说明百里奚的奴隶身

份，看似怒气冲冲想要亲自惩罚这个逃奴的秦穆公马上向楚国提出了外交要求：他要求楚国归还这个"陪嫁财物"，当然，要按照奴隶的市场价来支付，因为自己只是想要买回这个奴隶好好处罚一番！

楚国得知了此事之后，一笑置之，似乎就像看见了一个宠物逃走之后赌气的小孩子，吵吵嚷嚷着要捡到宠物的人归还，并且愿意付出点自己心爱的糖果一样，当然，这个糖果还不能太多。

百里奚作为一个放牛的逃奴，秦穆公决定按照市价出五张羊皮交换。并不想完全得罪秦国的楚人觉得提出如此一个价格来交换的百里奚，就算民间有些贤名，那又能贤到哪里去呢？难道一个真正贤良聪敏的治国大才，会接受这样一个一眼看上去就颇有侮辱性质的交易吗？

这一次百里奚没有吭声，因为他似乎隐约看到了这场看似荒唐的交易背后秦穆公的深意，显然秦穆公没有必要为一个只价值五张羊皮的逃奴大动干戈。然而身为君王却如此荒唐地提出了这样一个交易，这其中，就似乎有些别样的味道了。

他不想知道秦穆公到底是不是楚国人眼中那样一个赌气的小孩子，他只知道至少这样做楚人不会在这场交易中重视自己。这样一来，从过程上来看，自己绝对不会因为才华而招来危及生命的险情；从结局上来看，自己能够成功脱身的机会大大增加了。

一个看似荒谬，但从过程和结局上都还算不错的计策肯定不会是一个昏庸无能的君主来制定的。而一个有着足够智慧的君主，绝不会因为奴隶善于牧牛或惩戒逃奴这种原因去重视一个奴隶。那么自己到底有什么值得秦穆公重视的呢？显然，除了治国才略，自己似乎已经一无所有。

多年的艰辛生活和坎坷的政治经历早已磨平了百里奚的锐气，他深知越是接近机会越要沉着冷静。到了现在，他更加崇敬阅尽沧桑却依旧风轻云淡的蹇叔，因为这个朋友现在所达到的人生境界，恰恰是他饱经坎坷才慢慢懂得的。

百里奚一路平安地来到了秦国，秦穆公亲自宣布解除了他的奴隶身份。连续三天，两人彻夜深谈。秦穆公和百里奚竟然都觉得相见恨晚。长谈之后，秦穆公立刻做出决定，希望百里奚能够出任秦国上大夫。如此深厚的信任，让百里奚百感交集。然而多年的坎坷却让他面对着即将实现的梦想之时，依旧保持了冷静，思量再三，他拒绝了：

"败军之将何以言勇，亡国之臣焉敢语政！"

"虞国败亡，不因你才华不够，只是未能得到足够的空间和时间，难道这份亡国的责任和耻辱，要让你来背负终生么？"

秦穆公果断而坚决的信任让百里奚就此登上了权力的巅峰，开始了实现梦想的征程。就这样，价值五张羊皮的百里奚经过了多年的蹉跎与挣扎，完成了从一个奴隶到一国上大夫的蜕变。

并不是秦穆公有独具一格的慧眼，也不是命运终于对百里奚露出了笑容。所有统治者的根本需求都是相同的，秦穆公对百里奚从交心长谈到委以重任，实际上都是因为这位雄心壮志的君王不甘于满足目前的现状，而百里奚恰好有足够的才能和智慧，来更快捷地实现秦国的目标。

尝遍了世间百味的百里奚，早已经没有足够的力量来掩饰自己的梦想，再加上秦穆公敏锐地发现百里奚的梦想能够和自己的目标达成一致。于是，锦上添花易，雪中送炭难，除了无情的君王，没有人能够抵挡感恩所带来的忠诚。一个具备着足够价值，且必定忠心耿耿的治国之才，能够轻易地被身份地位带来的落差感所收买，对于一个君王来说，再好不过。

况且在复杂的朝堂之上，毫无根系和基础的百里奚可以无视各方势力带来的牵绊和影响，一心一意地为了国家利益鞠躬尽瘁。秦王对他的知遇和提拔，让朝堂之上出现了一个足以制衡其他势力的死忠者，况且，这个死忠者还具备着出色的才华，完全可以在实现平衡各方势力的同时，心无杂念地让国家更加强大。而国家强大的最直接受益者，自然就是秦穆公本人。

当国家利益和个人梦想相吻合的时候，君王自然可以站在利益的角度，不遗余力地去给这个为了梦想而努力的人足够的便利。而当这个人的才华完全能够支撑起他自己的梦想之时，他就成了那个价值五张羊皮，却能够立刻登上权力之巅的百里奚。

靠什么称霸春秋？

百里奚就此登上了秦国的政坛，多年的风霜将这个锋芒毕露的年轻人打磨成了一个和蔼而勤俭的蔼然仁者。他早已明白了仅仅依靠军队和武力并不足以让一个国家长盛不衰。因为国家的梦想需要建立在一个足够坚实的基础之上，才能足够稳定。而秦人并不缺乏足够的勇敢和力量，他们所缺乏的，是先进而系统的制度，以及足够凝聚的国家控制力。

百里奚勤于政务，出行不乘车，酷热不举伞，不随便征用国家资源，不携带卫队保护。因为他知道，没有一支卫队能够完全抵挡住那一次次不知从何处而来，因愤怒和仇恨而催生的刺杀。凝聚百姓最简单的手段，就是淡化阶级烙印，让每一个百姓都能够感受到，官员并不是他们的主人，能够享有他们难以获取的利益。

一个位高权重的官员能够平易近人甚至清贫克己，远远比凭借武力和权势所带来的敬畏更容易深入人心。大量的百姓都能够看得到，这个官老爷似乎真的不是一个会欺压和谋害他们的吸血鬼，而是与他们一同勤俭度日，却又做了更多工作的人。

如此一来，这样一位官员所提出的一切规章政策甚至比他的才华更令人敬服。大家都习惯接受自己同阶级者的意见，因为这不会让人产生迫于权势而不得不遵守的压力。何况，百里奚上任之后，只是不断地教化民众，开启民智，引入周制，修好各国。

能够凭借劳力过上更好的日子，接受更新更先进的理念，获得更加有价值的智慧远远比动不动就拿起刀剑去战场上厮杀更加轻松。不断地让秦国百姓得到受教育的机会这一举措更加促进了生产力的提升和发展。并不是每一个秦国人都是战争狂热者，他们中的大部分似乎都更愿意学习和劳动。

经过一段时间的教化和治理后，秦国国内政清人和，百业兴盛。整个国家内少了很多暴虐和戾气，多了几分稳定和凝聚。每一个秦国百姓都开始明白，自己并非一个是为国家提供粮食的耕牛或者是挥舞屠刀的杀戮傀儡。他们对于国家的忠诚和归属，并没有随着对整个行政机构的了解而产生动摇。

对于家国的概念渐渐明朗起来，每一个百姓都对执政者心悦诚服。不再源自愚昧、欺骗和胁迫而劳作、战斗，所有的人民似乎都有了灵性。他们不再是统治阶级视作实现欲望的人形工具，而是逐渐开始明白，每一个人的人生都应该有自己的思想和价值。

百里奚的举措让秦国逐渐有了一个真正帝国的雏形，这个国家开始逐渐脱离最原始的奴隶结构，向着更高层级的意识形态前进着。固然提高了统治者管理国家的难度，却实实在在地增强了国家的生产力和综合实力。

强大的帝国需要的不仅仅是悍不畏死的杀戮傀儡和不知思考的耕作机器，凭借这些或许能够在短期内成就一个疆域庞大的大型部落，但绝对难以成为一个真正绵远传承的国家。唯有每一个子民都能够主动实现自己在整个国家系统中的价值，才能够推动社会和国家体系向前进步。

所谓仁政并不是真正意义上的仁慈，这种体系的最核心的价值观在于让每一个被剥削者不会感受到失去自身创造价值所产生的剧烈痛苦。相对于严刑酷法，所谓仁政只不过是让所有底层生产资料的创造者们，能够相对"自主"地选择自己到底应该为统治阶级奉献什么。

然而其本质并没有改变，所有的秦国子民固然因积极的创新与生产获得了更多的财富，但是却依旧难以动摇其作为被剥削者的本质地位。或许曾经的囚笼一片黑暗，所有劳动者都如同等待着屠刀宰杀、奉献自身一切的羔羊；而现在的秦国，这个黑暗的囚笼在所谓的仁政明君治下，让羔羊们莫名其妙地感觉不到了。

在那个混沌愚昧的时代里，如此向前的一步对国家实力的提升产生了巨大的促进作用，每一个子民都心甘情愿地奉献着，燃烧着，因为他们似乎觉得，那些曾经满脸漠然、挥舞着屠刀的统治者正面带微笑，放下了手中的刀。却没有发现，自身最终的本质命运，并没有发生改变。

秦国就在这样的状态下全民踊跃，创造了远超之前的庞大财富。那片一直阻隔着秦人东进的大山，似乎也渐渐裂开了一丝缝隙。公元前651年，秦国开始逐步渗透参与晋国的皇权斗争。但是秦国这一次选择扶持的代理人晋惠公自身，却出现了问题。性格上荒淫无信的晋惠公借助秦国的力量登上王位之后，却背叛了当初的承诺。为随后秦晋两国纠缠不断的恩怨埋下了伏笔。

公元前648年，晋国灾荒，百里奚力主运粮救济。那一艘艘运粮的货船满载着秦国的粮食，悄悄地推开了晋国百姓心中那道防御森严的壁垒，史称"泛舟之役"。公元前646年，秦国遭遇灾年，要求晋国支援，而一向自私自利的晋惠公回复秦国使臣："当年我国灾荒，你们竟然不来趁机攻打，反而借粮帮助敌人，简直愚不可及，我们晋国，自然不会如你们秦国一般憨傻！"

随后，晋惠公竟然真的举兵攻打秦国。两军在韩原展开了惨烈的战争。原本就对晋惠公荒唐负义行为感到不满的晋国百姓，加上被迫出战的晋国军队，面对着空前凝聚的秦军，惨遭失败。晋惠公本人，也被生擒。

随后，为如何处理这个背信弃义的晋王，秦国君臣做出了激烈的探讨。最终，向秦穆公举荐了百里奚的名臣公孙枝提出："若关押晋王，此人不过无用匹夫；若杀之，晋国总归会怨恨颇深，不利于进一步渗透和控制；不如换取实际利益，令其回国，一个昏庸无能的败军帝王，更利于秦国进一步的行动。"于是，秦国向晋国提出了领土要求之后，竟然放晋惠公回国复位。

经此一战，晋国国力大伤，割让土地，劳师伤财。国家陷入了难以逆转的衰退之中。这种损伤虽然不会在短期内产生巨大的影响，但是却在国家的根基之上，留下了一处难以愈合的伤痕。

公元前637年，晋惠公一命呜呼，晋国再一次陷入了王权斗

争的内乱之中。在百里奚的设计之下，秦国将流亡楚国的晋公子重耳接回，并动用国家力量扶助其登临帝位，史称"晋文公"。

不久，周王室内乱，百里奚劝秦穆公将周襄王迎至秦国，趁机称霸，然而秦穆公却在这种涉及王权帝位的决策性问题上做出了自己的判断，对臣下提出，迎接周天子的路途中间隔着晋国，事不宜行。随后晋文公迎接周天子，称霸春秋。而秦国，则选择了跟随在晋国身后，两国联军不断出击，连续击败周边限制两国发展的楚国盟友曹、卫、郑等。公元前632年，秦晋联军于城濮击败进犯的楚军，楚国最高军事指挥官令尹子玉自杀身亡。自此，虽然晋国、楚国依旧保持着持续地发展和强盛的军力，却没有发现，秦国这头猛虎已经渐渐在北方站稳了脚跟。

秦国蓬勃发展，不断积蓄着实力，百里奚以自我放逐为威胁力邀蹇叔前来共谋大业。然而没有一个君王是完美无缺的。连续的胜利和国力的提高，让秦穆公也有些亢奋了。公元前628年，晋文公去世，秦国决定出兵征讨郑国。然而这个决策显然是在君王被胜利冲昏了头脑的情况之下做出的，百里奚和蹇叔等人表示反对。然而秦王依旧决定出征。大军开拔之前，蹇叔、百里奚等人再次试图进谏，提出了"劳师袭远，师劳力竭，师之所为，郑必知之，勤而无所，必有悖心"。然而依旧无法阻止君王熊熊燃烧的野心，于是两人来到部队出征的大营前，惋惜痛哭，史称"蹇叔哭师"。

> 穆公访诸蹇叔。蹇叔曰："劳师以袭远，非所闻也。师劳力竭，远主备之，无乃不可乎？师之所为，郑必知之。勤而无所，必有悖心。且行千里，其谁不知？"公辞焉。召孟明、西乞、白乙使出师于东门之外。蹇叔哭之曰："孟子！

吾见师之出而不见其入也！"公使谓之曰："尔何知，中寿，尔墓之木拱矣！"蹇叔之子与师，哭而送之，曰："晋人御师必于崤，崤有二陵焉。其南陵，夏后皋之墓也；其北陵，文王之所辟风雨也，必死是间，余收尔骨焉！"

——《左传》

出征的秦军果然未能实现战略目标，回师途中遭到了晋军的伏击，伤亡惨重，史称"崤山之战"。秦军将士滚烫的鲜血终于让有些亢奋的秦穆公冷静下来。公元前624年，秦军卷土重来，在这场复仇之战中，秦军终于击败了晋国。秦穆公随后来到当年秦军被伏击的崤山，当众大哭，为自己错误的决策而导致的那些战死异乡的秦军将士哀悼。《尚书》有载，史称《秦誓》。

就此，秦国称霸天下的宏图大业再进一步。然而判断出东出时机未到的百里奚等人，立刻制定了秦国进一步增强实力的重要战略——不东进，先平西。

就在东方各路诸侯小心戒备秦国的时候，声威正旺的秦军却停下了向东前进的脚步。回师征讨秦国以西各个戎狄部落和小国，在秦军强大的武力和百里奚等谋臣的计策配合，陇山以西，昆戎、绵诸、翟，泾北义渠、乌氏、朐衍之戎，洛川大荔之戎，渭南陆浑之戎纷纷被征服控制，这些地区成为秦国稳定的粮食生产、兵源补充和良马饲养基地，从此，一个东方诸侯眼中弱小而落后的边陲小国，一步步成为了令任何国家都难以忽视的强大霸主，而稳定富饶的后方也成为日后大秦帝国席卷天下的坚固基石。

兵者无情，孤身独行应不悔——吴 起

　　战场上宽仁礼士的他，却在取得权柄后对妻子痛下杀手。历仕三国，数败强秦。首创武卒制，辅佐诸侯由弱至强。魏国为官，秦人不敢东向；楚国当权，三晋无心南谋。变法楚国，却最终落得与商鞅一般车裂下场，而秦，相死政延；楚，却人陨政熄。历代对他褒贬不一，怒其无情，哀其政道。他，就是《孙吴兵法》的作者之一，战国中兵家为政的翘楚。他，就是吴起。

为什么要杀妻取信？

战国年间，烽烟不断，没有任何人可以轻易远离这场时代的洪流，无论贫穷富有，无论高贵低贱，任何家族，任何个人，都在这场潮流之中，或搏浪前行，或随波逐流。

在齐鲁之地，有一户富庶人家，吴姓，家中有一子，名起，自幼聪敏好学。作为一个血气方刚的年轻人，吴起显然并不甘心就这样经营着家族，做一个平凡而稳定的富家公子。他渴望施展才华，渴望权力，渴望巅峰。

家中良好的经济基础，给了青年吴起不断探寻自己道路的资本，然而，在如此乱世，无论多么富有，没有足够的权力和人脉，吴起即便有着满腹才华和充足的财富，也无法轻易步入权力核心。何况一个稳定的权力圈子，本身就具备着极强的排外性。一个没有什么家世渊源的富家公子，显然不可能轻易获得话语权者的认可。这与才华和财富没有什么关系，因为高高在上者本身，并不太在意所谓的才华，更不会太过在乎民间那点财富。在他们看来，除非人才可以忠实地为他们谋求更多的财富，才有启用的价值，而民间那点钱财，只要手中还有刀剑和权力，一夜之间，予取予夺。

吴起起初并不相信这个残酷的现实，他四处追寻着，希望自己能够获得认可，一展抱负，然而他的不甘心和所拥有的家族财富，并不能给他走向终点带来太大的帮助。在不断地被盘剥和被欺骗之下，吴起四处碰壁，甚至到了把家中的钱财全部花光的落魄地步。

平凡之人之所以平凡，并不全因为他们不具备出色的智慧。嫉妒吴起家财的市井百姓，其实十分乐于见到一个原本比他们过得好，却因为虚无缥缈的梦想而降低了生活质量的人是如何痛苦不堪的。随着吴起的家财在追寻官道的路程中花费殆尽，并没有人对他表示敬佩和同情，反而，冷嘲热讽和闲言碎语，就像看似晶莹洁白，却结构复杂的盐粒一般，铺天盖地地洒向了吴起满是伤口的梦想上。

愤怒的吴起拔剑而起，杀死了几十个嘲讽的乡人之后，逃走了。临行之时，他恨恨地咬着手臂，对母亲发誓："如果不能成为大权在握的官员，绝不回头！"

> 其少时，家累千金，游仕不遂，遂破其家，乡党笑之，吴起杀其谤己者三十余人，而东出卫郭门。与其母诀，啮臂而盟曰："起不为卿相，不复入卫。"
>
> ——《史记》

富家公子吴起，就此成了败落家道的落魄逃亡者，但是即便如此，他也并没有气馁，他始终坚信，无论什么样的挫折，都不足以动摇他的信心和梦想，无论什么样的羁绊，都不会成为他追逐权力的阻碍。战国乱世，人命本如草介，虽然杀人逃跑，但破船尚有三根铁钉，何况吴家虽然家道败落，但是稍微运作一番，吴起也逃脱杀人后的惩罚。

这件事，更加坚定了吴起对于权力的渴望，他并不想自己在未来的某一天，也像被自己杀死的乡人一般轻而易举地湮灭在混乱的世道里。他希望自己能够成为一个足以搅动风云、扭转乾坤的大人物，即便是死，即便付出一切，在他看来，都是值得的。

逃走的吴起很快拜在曾参之子曾申门下，学习儒术。他希望像当年的孔子一样，游历各国，获得尊重和地位。然而，一件家事的发生，却改变了吴起的前进方向：他的母亲，在家族衰落、儿子远行，以及岁月的无情打击之下，一病不起，溘然长逝了。吴起却依旧遵守着当初的誓言：不为官，不回家。

曾子本是儒家学派，对孝道颇为重视，当得知了自己的门生因为个人原因而拒绝为母亲送终这件事后，大怒之下，将吴起赶出门墙。至此，吴起和曾子都没能料到，这件事让一个未来伟大的大儒，彻底在命运的岔路口转身而去。

被儒家排斥而出的吴起并没有后悔，他似乎有些看清了自己想要走到终点到底应该需要什么，这个战乱不断的世道里，坚持学习儒家，也并不见得适合自己。于是，吴起开始学习兵法，他终于明白了，所谓的仁义礼智信，在当下，不一定比刀剑更好用。而且，原本聪颖的吴起学习兵家之术后，就像推开了一扇新的窗户，一缕阳光照亮了他的仕途。需要强大武力保护自己国家利益的鲁国君王，很快认可了这个才华出众的年轻人。

> 事曾子。居顷之，其母死，起终不归。曾子薄之，而与起绝。起乃之鲁，学兵法以事鲁君。
>
> ——《史记》

　　齐鲁之地虽然广袤富庶，但是显然如果只能有一个主人的话，无疑应该是齐国。因为齐国相对于这片土地上的其他国家来说，有着更加充足的财富和粮草，有着更加能征善战的凶悍军队。对于拥有强大力量的统治者来说，他们往往希望获得更加庞大的利益，而这片土地上，现在又有什么比权力更能带来利益呢？没有一个君王愿意轻易放手权力本身，此时，又有什么比武力来的更有效呢？

　　公元前412年，齐宣公发兵攻鲁，国力处于弱势的鲁国非常紧张，虽然鲁穆公很欣赏和认可吴起，但是，事关国家命运，鲁穆公也很谨慎。虽然想要用吴起带兵抗齐，但是吴起的妻子是齐国人这件事，却让他极其犹豫。

　　得知了鲁穆公犹豫的原因的吴起，立刻做出了一件惊世骇俗之事：他杀掉了自己的妻子，向鲁穆公表示决心。放下心来的鲁穆公终于对吴起委以重任，吴起果然不负众望击败了齐军。

　　吴起杀妻取信，获得权柄的行为在今天看来，简直不可理喻。一个对待自己枕边人都可以毫不犹豫地痛下杀手的冷血狂人，绝对是一个疯子。然而，吴起杀妻，真的只是为了权力而做出的丧心病狂之举吗？一个疯子的行为绝对无法为人预料，但是一个求学四方、接受过良好教育的公子，如此作为，似乎有些诡异。这背后，到底蕴藏着怎样的玄机？

　　其实，当吴起选择了通过兵家之术步入政坛、实现理想的道路之后，他已经将所有人间的情感全部斩断了。对于吴起来说，任何情感、事物、亲人，对于他来说，都是一场战争之中可以动用的筹码，他已经不再是一个纯粹的人了，无论任何外物，都是其用来获得胜利、实现目标的工具，想要沿着这条道路走下去，最简单的解决问题的办法就是要战胜一切人世间的情感和纠葛。

只可惜吴起的妻子并没有足够的价值让吴起利用和挖掘，所以，她成为了这位战国名臣博弈人生、追求梦想中第一个牺牲的棋子。作为一个筹码，她达到了吴起丢弃她的价值，让自己的丈夫获得了鲁穆公的信任，然而作为一个女人，她失去了一切。无情的并不是吴起，只是这混乱的世道，奖励和认可无情的人，并赋予这些无情者以足够满足欲望的实际利益。

到底为何多国辗转？

然而鲁穆公显然并不能像吴起一般，做到将一切外物都视作筹码的程度，相对来说，他作为一个君王，还有些人性。吴起虽然对他更有价值，但是吴起能够毫不犹豫地杀死自己妻子，以博得信任和权力的行为，令这位似乎还有些人性的君王胆战心惊，他固然渴望更多的利益，但是他缺乏自信，担心当有一天自己的欲望和这个冷酷无情的杀戮者产生冲突的时候，自己并不能抵御这把可怕的凶刀。一个能够丝毫不在意自己亲人的疯子，又何来对君王的忠诚呢？

虽然战胜齐国保护了鲁国的利益，但是吴起毫不惋惜地杀死自己妻子的冷血行径也让鲁穆公对吴起胆战心惊，敬而远之。吴起很快被排挤出了鲁国，但是在他看来，似乎也并不是什么坏事，鲁国如此弱小，他的筹码不足以实现自己人生战斗的目标，既然如此，能够借用鲁国的军队，给自己打出些名气，也算是值得了。那亡妻，安息吧。

公元前409年，雄心勃勃的魏国开国之君魏文侯启用吴起，率领大军，向西攻伐，击败秦军，攻克秦国河西地区临晋、元里，并筑城占领。公元前408年，魏军休整一年之后，吴起再次领军，攻打秦国，击败秦军并至郑县，秦军退守洛水，沿河布防。吴起声威大震，魏国霸业初成。

吴起率领士卒，有一个极其古怪的做法，在那个阶级壁垒森严的时代里，身为统军大将，他却毫不以官员将领的高贵身份自居，竟然与低贱的士卒同居同食！简朴平易令士卒们交口赞叹。与秦国战争时期，吴起甚至到了倒头就睡在坑坑洼洼的田野地头，随便抓起点树叶稻草挡寒的程度。

> 吴起与秦战，舍不平陇亩，朴樕盖之，以蔽霜露。如此何也？不自高人故也。
>
> ——《尉缭子》

如此一来，每一个士兵都觉得，吴起将军值得他们付出性命来追随，这个国家也值得用鲜血去捍卫。凭借着勇猛的战斗精神和人人用命的坚强意志，吴起率领魏国军队，连续击败秦国，开疆拓土。

战事稳定之后，吴起立刻开始着手改革军制，很快，一种先进的军事理念——武卒制，诞生了。其核心思想，就是将原本的战时动员和世家雇佣军体系彻底摧毁，由国家来训练和掌控一支专门用于作战的军队，军农分离，将战斗职业化。并且，详细地将部队的功能分割开来，将战斗方式相近的部队各个独立，形成作战集群体系。

这种改革，在战国时代有着颠覆性的效果，将军队这个国家机器的重要支撑力量彻底从农业生产中解放和脱离出来，形成一种专门的、具备足够技术性的职业，是武卒制的精髓。一名具备合格军事素养和作战技巧的武卒，因为人力的客观限制，或许无法打败两三名临时征召的普通士兵，而当一个具有一定规模战斗序列的武卒单位，按照系统而精确的战斗部署发挥战力的时候，绝对是人数两三倍于己方但却没有系统训练过的征召军无法抵挡的。

系统化的军队体系为整个战国时代更大规模、更加惨烈的战争打开了一扇大门，更加高效而科学的杀戮成为了一种职业。军队从农耕体系中脱离出来，加速了奴隶制度的崩溃，沉重地打击了拥有农耕奴隶、战时应招成军的大奴隶主和旧贵族势力。无论他们是否愿意，更加锋利的刀剑，显然是君王们愿意付出一定代价去追寻的。

其实，这与吴起结合所学的兵家思想和儒家理念有着密切的联系，绝对实用主义者吴起可以把任何能够实现自己目标的手段都毫不犹豫地执行并运用起来。强大的军事能力，显然更加适合现在这个混乱的局势。而儒家思想中的施恩士卒、仁义鼓舞士气的手段，也被吴起运用得淋漓尽致。

魏国将武卒制认真地推广开来，一时间，国土并不广袤的中原魏国，一跃成为了战国初期各国敬畏的霸主。没有什么比事实更具有说服力。各国从魏国的军事改革效果上，认可了武卒制的先进性。

先进的军事体系带来的战斗力远远比一片富饶的土地更加重要。没有足够的武力，再多的财富和农田也不过是等待别人收割的肥羊。魏国上下都认可了这次巨大的变革，但此时，重用吴起的伯乐——魏文侯离开了人世。其子魏武侯继位。一次，与吴起乘船共游，至河中，魏王感叹："美哉乎山河之固，此魏国之宝也!"而始终算计着如何才能更加有效地发展国家、战胜敌人的吴起，随口回答道："国家政权的稳固，在于施德于民，而不在于地理形势的险要。从前三苗氏左临洞庭湖，右濒彭蠡泽，因为它不修德行，不讲信义，所以夏禹能灭掉它。夏桀的领土，左临黄河、济水，右靠泰山、华山，伊阙山在它的南边，羊肠坂在它的北面。因为他不施仁政，所以商汤放逐了他。殷纣的领土，左边有孟门山，右边有太行山，常山在它的北边，黄河流经它的南面，因为他不施仁德，武王把他杀了。由此看来，政权稳固在于给百姓施以恩德，不在于地理形势的险要。如果您不施恩德，即便同乘一条船的人也会变成您的仇敌啊!"

　　魏文侯既卒，起事其子武侯。武侯浮西河而下，中流，顾而谓吴起曰："美哉乎山河之固，此魏国之宝也!"起对曰："在德不在险。昔三苗氏左洞庭，右彭蠡，德义不修，禹灭之。夏桀之居，左河济，右泰华，伊阙在其南，羊肠在其北，修政不仁，汤放之。殷纣之国，左孟门，右太行，常山在其北，大河经其南，修政不德，武王杀之。由此观之，在德不在险。若君不修德，舟中之人尽为敌国也。"

——《史记》

　　魏武侯点头称是，但是吴起最后一句话，却悄无声息地在他的心里埋下了一颗怀疑的种子。这颗种子，一旦得到了来自于朝堂之上的阴风恶露，就将猛烈生长，直到成为君臣之间一道难以修复的裂痕。魏武侯虽然觉得自己的德行足够，但是吴起随口的一句话，却让他不得不想得很多。同舟之人若认为君王的德行不能达到自己的标准，会与君王为敌。而现在同舟之人，恰恰是手握魏国兵权的重臣，这样不可控的风险，对于君王来说，是绝对难以接受的。

虽然吴起只是随口劝谏，魏武侯也并没有当场发作，但是不久之后，魏国选相之时，贵戚田文力压吴起。虽然田文贤良多智，吴起心悦诚服，但是最终这件事成为魏国新锐改革派与皇亲国戚两方一次不欢而散的角力。吴起此时，已经预感到，自己似乎不能再继续待在魏国了。

不久之后，田文身故，继任者公叔显然不像他的前任那般，具备着出色的才华、视野和宽厚的品格，并且以国家大义为重。田文可以与吴起共同辅佐魏王，发展魏国，但是继任者公叔却并不想如此做。对于他来说，一个比自己更加优秀的竞争者，就是自己从政路上的绊脚石，必须排挤铲除掉。

于是，公叔与门客设计，请魏王通过下嫁公主，测试和推断吴起的忠诚。同时，与自己家里那位公主商量，请她故意轻慢侮辱自己，以证明魏国公主性格高傲，难以相处。一切安排妥当之后，先请魏王下嫁公主，在吴起不决之时，又邀请吴起至家中作客，观看了一场早已安排好的"魏国公主高傲辱人"的好戏。

结果，本就自尊心极强的吴起显然不太认可公主凭借娘家高贵就轻慢国家重臣的做法，况且，已经杀妻取信过一次的吴起对于所谓的家事也并不感冒，在他看来一切都可以是实现目的的筹码，与其请来一位出身高贵、家事复杂的公主为妻，还不如眼下乐得自在。况且，他还是相信自己的能力和才华，即便不是魏国的皇亲国戚，也可以继续保持眼下的身份地位。虽然魏王曾经因为一次游历对自己的回答略有不满，但是魏王应该还会以国事为重，不会自毁长城的罢！

可惜，这一次吴起根本没有想到，魏王下嫁公主是对他当初那番言论的进一步试探。他更没有想到，"好友"公叔让他看到的一切都是早已经安排好的。于是被蒙在鼓里的吴起莫名其妙地遭到了魏王的猜忌。一位统兵重臣，一旦被君王猜忌，后果可想而知。吴起虽然不在意人情世故，但是他至少知道被君王猜忌的军方首脑最终都是什么下场。因为死人，是无法实现梦想的。

于是，吴起离开了魏国，投奔楚国。很快得到了楚悼王的重用，大刀阔斧地再一次开始了他的改革，这一次，他深深地感觉到了，如果仅仅改革军事，极有可能因为在魏国发生的事情，导致最后功败垂成。吴起是一个极其重实效的改革者，这一次，他不想重蹈覆辙，于是，从政治、经济、军事等多个角度，在楚国掀起了一场改革的惊涛骇浪。

裁剪多余官吏，减少旧贵族的供奉，打压限制传统权贵势力，加强军事，优化部队结构，驱赶游说政客。楚国迎来了一场前所未有的巨大蜕变。国家实力迅速膨胀。南平百越，北吞陈、蔡，击退韩、赵、魏三国联军，西抗强秦。一时间，楚国大有一飞冲天之势，争霸天下之意。

然而，并不是所有的楚国贵族都能够以国家利益为重。无论是魏国还是楚国，传统贵族都具备着强大的势力。虽然楚悼王大力支持吴起的改革，弹压了这些不满的声音，但是，楚悼王终归也是要死去的。公元前381年，楚悼王去世，这一次，吴起没能再一次离开楚国。楚国旧贵族，为了报复在改革中受到的打击，发兵叛乱，击杀了吴起。

吴起一生辗转，先后在鲁国、魏国、楚国三国掌握重权。然而始终没有真正地在一个能够实现他理想的稳定平台站稳脚跟，不断地奔波着，追求着，孤独地寻找他的梦想。

并不是所有的旧贵族都会因为利益分配的改变而攻击改革者，也不是所有的君王都昏聩不堪难以容忍人才。吴起颠沛流离的一生，恰恰是他自己将一切外在因素都看得过于简单，不懂得平衡和掌控各个方面的力量，虽然他有足够的才华统率千军万马，有足够的智慧让一个国家短期内强大起来，但是，他却没有发现，自己选择的这条道路，抛弃一切的追寻，太过孤独。而人，总需要有牵绊才能生存。

变法到底得罪了谁？

吴起在魏、楚两国进行了大刀阔斧的改革，这其中看起来最大的利益受损者就是因法令改变而地位下降的传统贵族，然而，真的仅仅是旧贵族为了一己之私，不顾国家利益，从而连续地干扰和打击吴起吗？

从表面看来就是如此，实际上却并不尽然。吴起的改革，超越了整个时代，在分封制还并没有彻底崩溃之时，吴起就急匆匆地凭借着自己的才华和力量，试图加快这个落后制度的崩塌，然而任何制度的毁灭都需要长久的努力，任何新体系的建立都一定伴随着鲜血和死亡。

吴起得罪的传统贵族虽然众多，但是，他最没有看清楚的一点，就是他所依赖和依靠的君王本身，实际上也是旧贵族和传统势力的最高代表，虽然君王为了更好地维护和为自身争取更多的利益，可以"贤明"地任用吴起。但是，每一位任用吴起的明君，在重用吴起的同时，并没有彻底打压和摧毁旧贵族势力本身，这就足以证明，吴起认可并全身心奉献的君王本身，实际上才是他最大的敌人。

商鞅可以在秦国搅动风云，扭转乾坤，即便身死，他的思想和理念依旧可以传承，并不是因为商鞅的改革比吴起更加优秀，而是商鞅改革之初，就将君王本身的思维模式和理念彻底改变了，而吴起却并没有，无论是重用他的魏王还是楚王，他们对吴起的思想体系本身，都并没有真正的认可。只不过，他们出于和吴起同样的实效主义，先用这个疯狂的改革者增强国力，最后再想办法控制和收回权力。

吴起的实效主义和君王并不相同，君王最终的目的看似和吴起相同，但是吴起在实施这个环节之中，将自己的作用过于放大，所有的君王都不会认可一种像机器一样精密的生活方式，纵然帝王总是无情，但是帝王依旧希望自己可以做人，可以有思想、有感情。

而吴起却并不是如此，他要将一切可以运用的力量，以一种最为简单粗暴的手段迅速实施下去，整个世界在他的眼中，都应该是一部可以承载着他向着自己梦想疯狂前进的战车。这辆战车上的一切零件，都应该是最为实用的。一旦某个零件出现了故障，那么就采用最为有效和迅速的手段，拆除、替换。

但是君王本身显然并不想被当作零件，即便这辆战车承载着他们一同向着梦想狂奔，他们并不愿意成为一个随时可以被替换和抛弃的零件，他们只希望自己可以坐在这辆车上，平稳向前。

当吴起为了取信鲁王，毫不犹豫地杀死自己妻子的时候，君王们已经明白，一个无所顾忌的改革者绝对是一把锋利无比的双刃剑，没有牵绊的吴起可以一往无前地向前狂奔，并且没有一丝一毫挂念地将前进路上的一切阻碍都斩尽杀绝，这样的性格，对于需要对国家和臣子都有足够掌控力的君王来说，都是极其危险的。

君王虽然可以支持吴起的改革，甚至愿意为了他的改革，去压制和打击一部分传统贵族势力，但是，对于君王本身来说，这份支持的背后，也一定有着如履薄冰的谨慎和提防。如果支持吴起改革的君主真的接受了吴起，认可了吴起，又怎么会留下一股完全可以制衡和打击吴起的力量，来挑起自己国家的内斗呢？

没有一个君王能够容忍自己最为切实的利益被损害，如果真的一心为国家的强盛和发展，何不将皇位交给吴起？历朝历代，并不是最优秀的智者就可以成为合格的君主，无论大臣如何贤良，如何为国为民，自己的太子如何昏聩，如何无能，君王也不会将真正的权力交给臣子。反而，为了保护自己的家族能够在皇位上绵延不绝，一位聪明的君王既会最大限度地利用能臣的才华，又会留下制衡臣子的手段。千年以来，又何曾有过例外！

吴起的改革，虽然对本国的强大有着绝对的积极作用，但是他没能分清楚，这个时代里，"国"其实只是王座上那个人的"家"罢了。一个外人可以协助主人为这个家添砖加瓦，可以帮助主人看家护院，可以为主人在这个家里创造更多的财富。表面上国是天下人的国，实际上，国不过是那个人的"家"罢了。

没有一个主人可以允许外人堂而皇之地掌握自己的家，所以不会有一个君王能够彻底接纳吴起，而吴起想要融入这个家庭，总归是需要一些来自于人世间的牵绊和纠缠。但是吴起却没有明白，这份牵绊和纠缠，也是实现自己目标的一种手段，他最大的失败，就是将这些人世间的"俗事"，当成了自己实现梦想的阻碍。

对于君王来说，想要控制一个臣子，就得用些手段。于是，他们用到利益这一手段，就算是下嫁的魏国公主本身，也不全是情感，那位公主实际上只是将吴起捆绑在一起的利益纽带而已，而君王能够给予臣子利益，并且控制他们，利用他们，向着自己的目标前进，这才是稳固统治的最佳手段。因为帝王不会相信任何人，尤其是聪明的帝王，他们只相信利益。

可惜，吴起讨厌牵绊，讨厌纠缠，讨厌一切他认为的阻碍，他兴冲冲地将君王递过来的利益随手拨开了，虽然，这份利益与枷锁也没有太大的区别。

但是，一个自由自在追寻梦想的人如果有了巨大的权柄和力量，对于君主来说无异于一头猛兽，当君王想要把金灿灿的枷锁，笑呵呵地给这头猛兽套上的时候，猛兽却毫不留情地挥出爪子，将枷锁丢到了身后，并且还对递上锁链的人说：你的德行够了，就不用这个；你的德行不够，同舟之人，也是会变成敌人的！

这让君王们根本无需犹豫就可以做出选择，他们只需要听话的爪牙，而不是时刻会暴起伤人的同舟之客，况且这位客人还不断地要求船的主人给予自己更加有力的武器！

于是，雄才大略的君主可以踩在老虎的脖子上，利用老虎的力量争取更多的利益。而他们明白，因为岁月的侵蚀，终有一天自己不得不将踩在老虎脖子上的一只脚拿开，他必须要为自己的后人做好准备，让自己的家人能够继续踩住这只老虎，否则，就会把匕首对准老虎的心脏。

早已注定悲惨结局？

公元前381年，驾驭着吴起这头自由自在猛虎的楚悼王去世了，显然楚悼王踩在吴起脖子上的那只脚已经再没有力气继续下去了。不知是君王有意默许，还是太子过于孱弱，先前因为吴起在楚国的改革，而利益、地位受到了极大打击的几家旧贵族，竟然发动军队，暴起作乱。

吴起中箭，一路逃跑，直接跑向了楚悼王的停尸之处，并做出了一个惊世骇俗的举动：藏在已故楚王的尸体背后，高呼："群臣叛乱，谋害君王！"

死人是不会有什么抵抗力的，就算是死去的君王，他的威严和荣耀如果没有暴力作为依托，他的尸体和一袋沙土并没有太大的区别。众多贵族乱箭齐发，吴起就这样和支持他改革变法的楚悼王，一起被射得千疮百孔。唯一不同的是，楚悼王早已死去，除了尸体上多了些弓箭之外，也只损失了一些已故君王的体面和威严。而吴起，则在这次变乱中，失去了自己的生命，也失去了所有的梦想。

此事发生之后，"孱弱而无力"保护自己父亲尸体和国家重臣的太子熊臧登临权力之巅，以迅雷不及掩耳之势，即刻将伤害了楚悼王尸体的旧贵族势力全部拘捕清算，七十余家楚国传统贵族豪门势力，因此获罪，斩杀三族。而吴起也把他的极致实用主义，发挥到了最高潮，他用自己的生命成功地把这七十余家传统贵族拖下了水。当然，新继位的楚肃王一边清算诛杀了这些旧贵族，一边也下令，将吴起的尸体，车裂示众，以为惩戒。

> 荆王死，贵人皆来。尸在堂上，贵人相与射吴起。吴起号呼曰："吾示子吾用兵也。"拔矢而走，伏尸插矢而疾言曰："群臣乱王！"吴起死矣，且荆国之法，丽兵于王尸者，尽加重罪，逮三族。
>
> ——《吕氏春秋》

一代名臣良将，落得尸首无存的悲惨结局。其实早在吴起发誓不成名相，不回故乡，甚至母亲身死也决然不回家守孝，随后杀死妻子，取得鲁王信任，进而获得统军权柄之时，他的悲剧结局就已注定了。

他的选择，注定了他的前行之路上遍布荆棘，不会有任何可以真正信赖和依靠的亲人，因为，他早已经挥舞着利剑，将这一切人间的情感，全部斩断。选择了孤独的人，没有资格获得实现梦想的幸福。因为幸福是人间的情感，实现梦想只是获得幸福感的一个组成部分，而不是全部，他斩断了所有的情感，等于斩断了自己奔向幸福梦想的一切通路。

吴起认定了自己的孤独，他并不害怕，因为他相信自己的力量和才能，然而他却忽略了：这个世间并不是所有的关系都是纯粹的利益关系，更多的是靠情感维系。他认为的利益关系，只是成败，却并没有看清，所谓的利益，包括了很多，其中有情感、有人性、有信赖、有支持、有保护，也有毫无保留的风险。

他想要触摸到梦想，想要拼尽力气向着光明，虽然他不断地推崇"德行"和"仁厚"，对待自己的士兵像亲人一样动情，然而，他自己清楚，像亲人一样，绝不是亲人，而是另一种更加有效地利用这些士兵情感的手段罢了。

就像当初在魏国为官之时，吴起甚至抛却自己重臣的尊贵身份，选择为一个身患毒疮的普通士兵用嘴吸出脓液，这个士兵没有看出吴起的目的，只是感恩戴德，拼死效命。吴起像亲人一样的行为，感动了很多人。但是，这个普通士兵真正的亲人——母亲，却放声痛哭。因为她的丈夫，也是吴起手下的士兵，吴起极其用心地对待和照顾了他，并且也为他用嘴吸出了毒疮里的脓液，以至于这位丈夫为了吴起的梦想，拼命战斗，勇往直前，至死不退。而如今，同样的手段，又一次实施到了自己的儿子身上，她又怎能不哭？

> 起之为将，与士卒最下者同衣食。卧不设席，行不骑乘，亲裹赢粮，与士卒分劳苦。卒有病疽者，起为吮之。卒母闻而哭之。人曰："子卒也，而将，军自吮其疽，何哭为？"母曰："非然也。往年吴公吮其父，其父战不旋踵，遂死於敌。吴公今又吮其子，妾不知其死所矣。是以哭之。"
>
> ——《史记》

为了实现自己的梦想，达到预期的目标，吴起自降尊贵的身份，去吸吮一个普通士兵身上的毒疮，在他看来，这样的手段足够有效，可以激励士卒拼死战斗，那么，自己的身份又算得了什么！

可惜，吴起只是不断地把这样的手段施加给别人，并且毫不留情地拒绝别人想要给予他的帮助。他讨厌牵绊，一切世间的情感和人性，对于这个极端实用主义者来说，都是枷锁。他拒绝着、抵抗着，在与时代洪流殊死搏斗的同时，坚持着独行，并且，把一切想要扶他一把的亲人，都当成了阻碍。

当他的母亲任由这个雄心勃勃的儿子花光家产去追求梦想，但是也没有混出眉目的时候，这位母亲应该并不后悔；虽然战国时代法度混乱，但是一个杀死了几十个乡邻的杀人犯的母亲，在吴起发誓赌咒逃跑之后，又面对周围怎样的目光？

当这位母亲临死之时，吴起依旧选择追寻自己的梦想，并且还因为这件事情与自己的老师曾子断绝了关系。那一刻，这位并没有在任何史料中留下名字的老夫人，心里应该是有些伤感的罢。毕竟即便儿子什么事业都没有做成，也是可以来让自己看上最后一眼的，可惜，那份誓言成了吴起不回家守丧的枷锁，也成了他推开人间少有的几份情感的挡箭牌。

当吴起的齐国妻子面对着枕边人挥舞而来的利剑之时，她应该也并不后悔吧，毕竟这个时代里，女人就是男人的附庸，她既然将自己当成了吴起的妻子，那么也就赋予了丈夫支配自己一切命运的权利，她或许并不害怕，还有几分欣然和解脱罢！因为自己可以成为丈夫继续追寻梦想过程中的一块垫脚石。

但是吴起不知道，他的母亲和妻子，虽然可以被他毫不犹豫地舍弃，为了自己的理想和信念成为无怨无悔的基石，但是她们即便是基石，也确确实实是存在的，而当他在这条路上越走越远的时候，拒绝了一切新的牵绊的吴起，已经没有再用来垫脚的基石了。他一无所有，无可抛弃，这个时候，这场命运的豪赌中，吴起的筹码只剩下了他自己。

总道君王无情，常怨贵族嫉妒，却没有想到自己的前行之路上，早已没有了一切阳光和温暖，吴起继续闷头前进着，按照着他自己的想法和信念，甩开一切，拼命狂奔，毕竟他觉得那份梦想的光并不遥远。

然而命运总归是公平的，虽然它不会轻而易举地显露自己的力量，但是却总是在冥冥之中，规划着每一个人的人生轨迹。命运不会让一个人永远赢下去，更不会把所有的眷顾，都恩赐给一个陷身孤独深渊的独行者。

于是，吴起可以出任魏国重臣，可以放手去按照自己的计划创造全新的军事体系，可以率领被他手段折服，并且愿意为之付出生命的千军万马，征战沙场，名震列国；可以来到楚国，得到呼风唤雨的强大权力，将一个国家一步步按照自己的想法，打造成一辆可以承载着他向梦想疯狂前进的战车。

可惜，最后这辆车上，坐的不是吴起。因为，他始终孤独着，车上只有他一个人，就算依旧可以滚滚向前，那也很难看清楚真正的方向，最终，也一定会迷失在弥漫着孤独气息的无边黑暗里。

当他选择了抛弃一切奔向梦想的时候，其实，命运早已经为他安排好了最终的结局。虽然吴起可能没有看破命运的安排，但是，他认为自己看清了自己的身影和脚步，他追寻着理想，追寻着那个自己心中构想出来完美的自己，一步步前进着，只爱他自己。

或许，吴起走着走着，发现身边越来越黑暗，但是他依旧安慰着自己，告诉自己，自己没有走错，自己可以继续走下去。即便在命运的豪赌之中，看了看自己的身边，发现没有筹码，于是就把自己也丢上赌桌，他依旧是开心的，不后悔的罢！毕竟，那是自己选好的路。

因势利导，算尽人心成霸业——管　仲

　　他出身皇族，长于卑贱，辗转波折，终于登上了历史的巅峰。开创了全新的行政体制，铸成了乱世中的无上霸业。翻手为云，覆手为雨，不动刀兵，买进卖出之间，群雄臣服。春秋年间，就洞悉了财富的奥秘，导演了世界上最成功的营销，发起了第一场货币战争。他，就是孔子唯一认可的法家学派、诸葛亮的偶像、中国的亚当·斯密——管仲。

为什么鲍叔牙会推荐他?

周幽王烽火戏诸侯,西周王朝分崩离析,再不复往日辉煌。覆巢之下,焉有完卵?皇家式微,自顾不暇,宗族子弟,坎坷蹉跎,当年姬姓,散落天涯。

东周自周平王东迁洛阳始,国力衰败,诸侯见机,不甘人臣。遂群雄并起,诸侯林立。山东齐鲁之地,有当年姜子牙后人为王,封国号齐。齐有大夫名为管庄,才有不逮,家道中落。遗有一子,名为管夷吾。

少年管夷吾早早地品尝了艰难的世事,贫穷落魄的生活,很快让这个少年见识到了残酷的生存法则和冷漠的人心。他感受到了邻里们鄙夷的眼神,似乎隐隐约约地,看到了金钱背后的巨大力量。

他的父亲并没有留下足够耕种养活他的土地,也没能告诉他如何凭借锋利的刀剑在乱世中搏个前程。在这个混乱的世界里,既不能种出粮食,又不能从军的少年,只好尝试着,去做一个大家都不太看得起的低贱商人。

穷苦的生活教会了管夷吾谦卑地保护自己。既然决定做一个商人，他自然也明白没有本钱连商人也做不成，只靠自己显然是不够的，于是，他想到了借助别人的力量。

世道无情，人心冷暖。能够保证自己平稳地在这个混乱而多灾多难的时代活下去已经颇为困难。大多数人自顾尚且不暇，根本没有余力去考虑帮助一个落魄的官宦子弟。然而这个社会虽冰冷，却也少了很多复杂的算计。吃不饱的人们只是想着如何让自己吃饱，温饱无忧的人们则更加愿意淳朴而遵从本心去做事。

同是官宦子弟的鲍叔牙显然比管夷吾活得更好，在齐国为官的父亲让他无需担心是不是要考虑理想和粮食到底该选哪一个。直爽而富裕的鲍叔牙结识了落魄而郁闷的管夷吾之后，几番接触，他很欣赏这个朋友，毕竟管夷吾早已踏足了那片世家子弟心生向往却并不敢轻易涉入的江湖。

兼备了世家子弟学识谈吐、才情休养与江湖游侠圆滑玲珑两种气质的管夷吾让鲍叔牙敬佩不已，当他得知朋友的人生遇到了一些小小的挫折之后，毫不犹豫地决定帮哥们一把。

管夷吾和鲍叔牙就这样开始了合伙经商。不料，在当下的经济环境中，经商并不是那么容易，于是三次买卖，都入不敷出。

只可叹一声，人穷志短，贫困的管夷吾显然和无需操心温饱的鲍叔牙不同，到了清算那点儿可怜的收益时，管夷吾只好厚着脸皮多要了些钱。鲍叔牙的朋友觉得很不满，认为管夷吾一直欺负鲍叔牙。然而，鲍叔牙却并没当回事。

> *管仲夷吾者，颍上人也。少时常与鲍叔牙游，鲍叔知其贤。管仲贫困，常欺鲍叔，鲍叔终善遇之，不以为言。*
>
> *——《史记》*

经商不成的两人又开始想别的办法。时值乱世，虽然家境落魄，但是那个年代的士大夫阶级仍讲究培养子弟"礼、乐、射、御、书、数"这些技能。管夷吾也自然不例外，他的射术还算精湛。于是，他决定投身军旅。

然而，管夷吾并不想就此拼命死战，报效国家。一遇到硬仗，他掉头就跑。军队里对这种懦弱的行为自然很反感，于是多次逃跑以后他在军队里也混不下去了。想去混个小官，可惜，他既没有足够的政治资本，又没有合适的机会展现能力，三次混进官场，三次败退。

此时，鲍叔牙又对管夷吾伸出了援手，他将自己的这个好朋友推荐给了齐国的继承人之一——公子纠。

原本和齐国高层没有什么交集的管夷吾借着这个机会，得到了展示自己能力的全新机会。

其实，并非是鲍叔牙慧眼如炬，只是管夷吾足够聪明。一个落魄的官宦子弟能够与一位足以影响到国家继承人选择辅臣的士大夫之子相识相交，这在刚刚从半奴隶制向封建制转型的等阶森严的春秋时期，并不容易。而管夷吾聪明地将自己足够优秀和擅长的能力，在极短的时间内展示出来，成功地获得了鲍叔牙的认可，进而得到了更深层交往的机会。这本身，就是一次完美的营销。

同样年轻而家境不同的两个年轻人，都有各自所需要的财富。管夷吾希望获得更好的生存空间，而鲍叔牙需要对未知世界的探索。管夷吾贫困的少年时代，让他更多地获得了走南闯北、感受生活的机会。而这份阅历，实际上并不能完全吸引和打动生在豪门渴望探求的鲍叔牙。但是，管夷吾在拥有学自江湖的玲珑世故同时，还具备着足够高水平的学术素养。两者结合在一起，极有可能会让鲍叔牙产生一种"走南闯北经验丰富，却又知书达理知识渊博"的完美侠士之感。

管夷吾成功地将自己拥有的全部资源和能力整合一体，满足了鲍叔牙的心理需求，旋即获得了他的尊重和认可。随后，凭借鲍叔牙的帮助和各方力量，最大限度地将自己的无形资本转化成为了能够满足自身需要的有形财富和社会地位。

这一次，或许是管夷吾无意中捕捉到了不同阶层的需求，而用有限资源，满足了更高层面话语权者的需求之后，自然也就获得了自己所需要的良好机会。

虽然经商失败，但是，能够让自己的能力和思想获得鲍叔牙的认可和推崇，这件事本身就是一场借势而为的完美营销。

甚至，当他的劣势和缺点出现之后，也依旧能够让自己的第一个支持者不遗余力地为他辩解，更是营销中的典范。

> 吾始困时，尝与鲍叔贾，分财利多自与，鲍叔不以我为贪，知我贫也。吾尝为鲍叔谋事而更穷困，鲍叔不以我为愚，知时有利不利也。吾尝三仕三见逐於君，鲍叔不以我为不肖，知我不遭时也。吾尝三战三走，鲍叔不以我怯，知我有老母也。
>
> ——《史记》

并非管夷吾算计人心到了如此之深，只不过他判断出了最适合、也最能满足自我需求的情况，选择了有着足够资源而且自己能打动的鲍叔牙罢了。

管鲍之交，名传千古。然而，永远不会有无权利的义务，也不会有无义务的权利。真正的朋友并不会因为同情而不断地无条件地满足对方的需求。那并非是友情而是施舍。他们永远都会有一个能够妥善地互相从对方身上获得满足自我需求的平衡点，以及由此不断地互利互惠，共同向前。

虽然人生很美，真情很甜。但本质上，除了至亲父母，其他人永远都是残酷地交易与相互利用。只不过在于双方是否能够触摸和把握到各自满意的需求。而这个需求本身，是不是足够让双方都对这场交易感到公平，也就是维系着这个世界平稳的最强力量。

这一次，管夷吾将凭借着这股力量开启了新的人生。

到底如何完美地拔鹅毛？

国家，永远都是阶级矛盾不可调和的产物。所有的行政体系和领导者，都是为了能够平衡和妥善地镇压这矛盾的工具。至于法律和军队，就是统治阶级为了实现和满足自身需要，所构建和制造的暴力机关。古往今来，莫不如此，齐国当然也不会例外。

公元前697年，齐襄公继位，显然，这位君王的理想和需求与大多数国人并不一样。他通过权力来满足自己对于美色的愿望，通过军队来保持对国家的控制。但是，当他胡乱征战、和表妹文姜私通等作为不断地侵蚀着齐国的根基时，他没有想到，当自己的利益和绝大多数人的利益发生冲突之后，总会有一方无法忍耐，并且最终采用暴力手段来夺回自身的利益。

公元前686年，齐襄公的堂兄弟公孙无知终于选择了用最为直接的手段来夺回自己的利益。在与齐国大夫管至父、连称等人达成了共同利益目标之后，准备发动宫廷政变。

当年十二月，齐襄公在贝丘（一作沛丘）打猎，因受到惊吓，从车上摔伤，连鞋也不知丢到哪里。返回皇宫后，责令宫廷侍卫费（姓氏不详，名费，一作茀）去找鞋，然而并没有找到。感到大丢面子的齐襄公当即下令，对费施以鞭刑三百。

然而君王受伤的消息很快被公孙无知和连称、管至父等人得知。认为时机已经成熟的公孙无知等人当即决定发动政变。冲至宫门时遇到了受刑出宫的费。因担心走漏消息导致政变失败，费被当场制服。

费称自己刚受君王刑罚，心有怨恨，必不护驾，并解开衣服，让公孙无知等人查验背后鞭伤，公孙无知等人大喜之下，释放了费。而这位侍卫随即请求参加此次政变，并愿先入宫中，在内策应。

不料费进宫后，却将齐襄公隐藏到门后，安排孟阳伪装成齐襄公睡在床上。良久不见动静，公孙无知等人发觉被骗，立即率众冲入。费与宫中侍卫、齐襄公宠臣等人开始了与公孙无知所部的战斗。战败，尽死。公孙无知等人冲入宫内，认出并杀死了伪装齐襄公的孟阳，随后发现了藏在门后的君王，动手斩杀，自立为王。

> 冬十二月，齐侯游于姑棼，遂田于贝丘。见大豕，从者曰："公子彭生也。"公怒曰："彭生敢见！"射之，豕人立而啼。公惧，坠于车，伤足丧屦。反，诛屦于徒人费。弗得，鞭之，见血。走出，遇贼于门，劫而束之。费曰："我奚御哉！"袒而示之背，信之。费请先入，伏公而出，斗，死于门中。石之纷如死于阶下。遂入，杀孟阳于床。曰："非君也，不类。"见公之足于户下，遂弑之，而立无知。
>
> ——《左传》

　　然而公孙无知并不是一个能够满足大多数人需求的明君。凭借着杀戮，在血泊中登上了权力顶峰的他，总是习惯用残暴的方式对待属下。终于，在他不断地折辱和虐待下的齐国官员们发现，这个新君，似乎更可恶。

　　于是，齐国大夫雍廪在公孙无知继位的第二年，刺杀了他。

　　　初，公孙无知虐于雍廪，九年春，雍廪杀无知。

　　　　　　　　　　　　　　　　　　——《左传》

　　齐国就此陷入了混乱，每个人都希望坐在王位上那个人能够满足自己的需求，一旦那个掌控着权力和体制力量的君王不能做到的时候，就会口诛笔伐甚至舞刀弄枪。看来，坐在王位上的那个人并不是都愿意承担这份责任。毕竟当自己拥有足够的能力来满足需求之时，也不一定能够保证自我需求能与大众欲望和谐共处。

　　刺杀了公孙无知的雍廪并没考虑到将来要怎么做，总之这个死在他手下只当了一年大王的家伙触犯了他的利益和理想。虽然他认为自己是为国除害，但是那也许只不过仍旧是为了报复君王虐待之仇罢了。

　　王位上满是鲜血，固然大多数人并没有勇气和资格去承担帝国的责任，但是皇室庞大的体系中，有资格和野心的人物并不只有一位。当年远赴他乡，政治避难的两位王子，准备回国即位了。

　　公子纠带着自己的辅臣管夷吾和召忽自鲁国返回，公子小白也得到了国内世家贵族的情报后带着鲍叔牙火速赶回。

　　对于管夷吾来说，如果公子纠在这场王位争夺战中能够获胜，那么自己的未来，将是一片光明。他决定马上采取行动。带领部队前往公子小白回国的必经之路上进行埋伏。如果能够袭杀公子小白，那么这场赛跑就毫无悬念。釜底抽薪，从而从根本上解决问题。

率领部队一路追击的管夷吾成功堵住了公子小白，此时，他并不打算和帮助过自己的好友鲍叔牙叙叙旧情、谈谈人生了。开弓，放箭！

小白应声而倒，管夷吾扬长而去。殊不知这一箭并没有真正命中小白的身体，而是被其衣服上的装饰物挡住了。当然管夷吾没能发现。小白也以出色的随机应变能力，马上装作中箭诈死，骗过了管夷吾。

觉得完成了任务的管夷吾将这件事回报了公子纠，公子纠大喜，随后也就放缓了回国的脚步，甚至还有闲心在路上游山玩水，吃吃喝喝。而诈死的公子小白，则藏在车帐中，向齐国火速赶回。

得到了国内贵族世家支持的公子小白成功登位，并借鲁国之手，将公子纠杀死。待到王位之争尘埃落定、齐国百废待兴之时，小白请教辅政鲍叔牙，问谁可安邦称霸，鲍叔牙依旧坚持推荐了管夷吾。

被齐桓公小白隆重迎回任命的管夷吾感激不已，君臣尽释前嫌之后，齐桓公尊其为"仲父"，并授予极大的权力。自此，一代传奇管仲正式登上了历史的舞台。

并非仅仅是齐桓公心胸开阔不计前嫌，也并非只是鲍叔牙慧眼识人，更不是管仲经才伟略、天下无双足以令君王自降身份不念当初袭杀之仇。只不过此时，三方都有着共同的理想和价值取向，在足够利益的驱使下，自然形成了能战胜一切阻挠的滚滚大势。对于管仲来说，他借助着这股势不可挡的强大力量，一飞冲天，得展才华；而对于齐桓公小白和鲍叔牙来说，他们也各自得到了自己最为需要的。

君臣一心，然而对于一个国家和政府来说，避不开的，就是平稳而持续地满足被统治阶级的需求和欲望，并从中获得赖以维持国家机器运行的财富和资源。他们最先要解决的就是赋税的问题。

> 赋税是喂养政府的娘奶。
>
> ——马克思

显然管仲和齐桓公并不像后世说得如此通俗，但是现今齐国需要复兴，复兴就需要大量的财富，而如何平稳地从民间取得财富这个问题摆在了执政者的面前。他们需要平稳而高效地解决这个问题，否则，还会有更多的刺客在黑暗中磨刀霍霍，等待着做一次为民请愿的英雄。

到底应该如何完美地拔鹅毛呢？

在社会最底层挣扎拼搏过的管仲显然明白，仅仅凭着暴力和鲜血，或许可以在短期内聚敛财富，然而，作为国家的管理者并不能仅懂得挥舞屠刀，如果能够创造出令鹅毛大量生长的最佳环境，让被拔毛的鹅们不但不痛苦，反而很舒适，这才是上策。

民以食为天。让百姓吃上饭、吃好饭，显然是最为重要的第一步。直接从老百姓手中夺走粮食显然不是什么好主意，而与百姓进行生产资料和生活物资的交易，更能够令人接受。而政府提供的交换物，自然是因地制宜为好。齐国濒海，盐业发达，盐作为生活的必需品，极其适合充当这场官民交易的媒介。

能够被市场认可的物资自然能够调控整个市场，于是齐国开始由政府管控盐业，原本取之自然的盐资源被人为赋予了平衡经济秩序的责任之后，齐国整个经济市场的走向，悄然间回到了政府的手中，而且，并没有引发任何反抗和动荡。

并非是交易本身如何合理，也并非是盐真的属于国家，只不过在这次经济调整中，国家合理地运用了暴力机关的执行力和行政法令的控制力，从而在满足了大部分人生活的第一需要前提之下，平稳地将财富的支配权集中到了执政者的手中。

不会有那么多"异类"去思考天地赋予人类的自然资源为什么要属于朝堂上的执政者，能够凭借自身的劳动满足基本生存条件，已经远远比辛苦生产却被无条件劫掠要好得多。国家机器的强大暴力用于制订和维持规则而不是与民争利，已经让大多数人都能够认可，反而不会有人去思考，规则本身到底是不是合理。

满足了大多数人生存的需求之后，管仲继续制定了国家管理和分配矿产资源的规则。生产需要工具，原始生产资料的控制和分配权，也平稳地成为了国家机关进一步控制经济的基础。

紧接着，管仲进一步提出了"相地而征衰"的安抚政策，国家出面照顾和保护生产力不足的生产单位，让大多数民众能够认可"产量高低决定赋税多少"这个概念。此后，不断将国家无偿收取劳动成果的冲突概念淡化，为国家更深层次、更加稳定地接管和调控经济埋下了伏笔。

当政权可以满足大多数人的需求，并且对整个经济市场具备足够的调节和管控能力之后，这个利益集团就能够指定任何自身充裕而不具备实际价值的物质充当交易媒介。于是，货币管控机构应运而生。

在管仲的主持下，齐国设立了"轻重九府呻"。由政府统一铸造货币，这种规范的货币呈刀形，名为"齐法化"或"节墨法化"，俗称"齐刀"。

当一个政权能够掌握军队等国家执行机关的时候，看似强大，却并不可怕。而当一个政权能够控制商品交易的媒介——货币之时，这个政权就具备了凭借软实力控制整个国家的资本。

整个齐国，在管仲的设计和规划之下高速地运转着，政通人和，生机勃勃。并非是齐国的税收政策真的如此仁慈美好，只不过，将统治者需求的财富隐含在商品价格里来聚敛资本这个手段，平缓而温和，也满足了大部分群体的需求。

怎样运用好财富的力量？

天下熙熙皆为利来，天下攘攘皆为利往。无论是战争还是政治，无论刀剑还是政令，世间一切纠纷矛盾的根源，都源自于利益。东周王朝的衰落，并非仅仅是周幽王点燃的那一把烽火，也没必要把周王朝的仇恨全丢到入侵的蛮族和不够忠诚安分的诸侯身上。只不过，东周这个天下共主，已经与大部分具备足够资本的各方势力，产生了利益上难以平息的冲突。而偏偏缺乏能够平息纠纷的力量。

锋利的刀剑当然具备着强大的力量，鲜血和死亡是各方势力都认可的最好说客。没有人会觉得什么利益比生命更有价值，当然，诸侯们也都愿意相信，这个世界上，武力才是最重要的。

而出身市井的管仲，却在这个战火连绵的时代中，发现了另一种足以颠覆世界的强大力量，这种力量并不来自于强有力的臂膀，也并不能够看起来比刀剑更有效。但是，这种力量，却具有控制人心、驱使刀剑的强大功效。这，就是财富的力量。

这个时代，英雄要靠着刀剑证明自己，然而英雄也不能不食人间烟火。也没有哪一支军队不需要军饷和物资的补充，就能够纵横天下。然而光靠杀戮并不能让财富凭空出现，刀剑刺在土地上，不会长出粮食。天下之大，只靠武力，并不能让所有人安心去做待宰的羔羊。战争再惨烈，对于生产者百姓来说，还是要用锄头来生活。当掠夺者对生产环节的破坏到达临界点之时，要么被还以暴力的反击，要么没有人继续生产。

而财富，却具备着驱使百姓安心生产、左右政权和军队的归属的足够力量，而且，在这个世界上，没有什么能够阻挡和妨碍这份来自于人心欲望和生存本能的渴望。

自从奴隶制度逐渐土崩瓦解，任何一个君王都需要面对滚滚而来的时代大势。并不能再从当年的奴隶们身上无偿获取利益的各方诸侯，自然要采取各种各样的手段，聚敛财富，凝聚信仰。

管仲似乎触摸到了时代的脉搏，感受着流淌在命运血管中奔腾不息的利益，滚烫得令人疯狂。习惯了用利益引导和借势而为达成目标的管仲，对诸侯们总是喜欢得不到就抢的这种行为嗤之以鼻。因为他明白，来自于大众的怒火之所以没有熊熊燃烧，只不过是压迫的力度不够，一旦突破了大部分人的承受底线，那么一切凭借武力的劫掠，都必将引火烧身。

所以，他选择了运用财富的力量，去引导人心，满足欲望。

齐国占据北方，楚国傲立江南。而且勇猛的楚人一直信奉止戈为武，天无二日，国无二主。两个大国之间的摩擦和纠纷越来越多。当齐桓公忧心忡忡地询问管仲，如何解决这个问题的时候，管仲制定了一个令人费解的计划。

一座小城很快在齐楚边界建立起来，这座小小的城市中，并没有什么浩大的军队，只有一群富裕的商人。

楚地有特产鹿，数量众多，并不珍贵。而这座新建的小城中忽然走出了大批齐国商人，行色匆匆。一到楚国，立刻开始放出消息：

"高价收购活鹿！"

楚人很奇怪，在他们眼中并不那么宝贵的鹿，为什么齐人要花大价钱来收购？莫不是有什么阴谋吗？

民间风议纷纷，大多数百姓都以一种观望的态度来等待着国家给这次奇怪的事件定性。楚王得到消息之后，也很怀疑，于是派出了一些情报人员，四处打探消息。

"齐王要大肆修建围猎牧场""齐王的几位宠妃天天吵闹着要鹿皮衣服"等等小道消息，在楚人费尽心思地刺探下慢慢被一些有内部消息的商人们透露出来。大王喜好，宠妃要求，那么自然商机滚滚，没有一位生意人会和金钱对着干。况且既然是国君所需，那么可真是稳赚不赔的好买卖了。

楚王几乎要忍不住仰天大笑，齐国刚刚从政治斗争的泥潭中挣扎而起，却又是一位穷奢极欲而昏聩无能的君王。看来果然是生于忧患而死于安乐，想当年公子小白落魄之时，也不见他有多么骄奢淫逸，管仲殚精竭虑给齐国攒下了些许家底，眼看着，竟然又要被昏君败光了。

满朝官员纷纷拍手称快，楚人北方的大敌齐国，竟然就这样要因鹿亡国了吧！大家七嘴八舌地称颂着英明睿智的楚王，并诋毁着齐桓公小白。似乎已经看到了，一代昏君，醉生梦死，酒池肉林，他的国土，疮痍满目，饿殍遍地。

既然楚国君臣给齐人买鹿这件事定了性，那么不好好地从齐人手中大赚一笔岂不是有违天意了。于是，楚王下令，全国大肆捕鹿，卖给齐人。

齐国虽然国君昏聩不堪，但是他们的商人却是很有信誉。而且，据说这场疯狂的交易，竟然是他们的大官管仲一手主导的，看来管仲也是为了讨好国君，不惜血本了！

所有人都认定了这个"事实"，既有国君对此行动的肯定和支持，又有如此丰厚的利益，没有人再怀疑什么了。所有楚国人开始了一场声势浩大的捕鹿行动。

上有领导者开启了一个能够向着更好生活前进的合法通道，下有上天赐给楚国的特产鹿，中有那伙人傻钱多的齐人高价收购。楚国人无不红了眼睛，相比之下，其他一切事务，都可以为之让路了。这其中，自然包括春耕。

鹿虽然是老天奖赏给楚国人的恩惠，但显然也并不是每一只鹿都站在那里等着被人类捕捉。这种动物并不具备对人类足够的杀伤力，然而，天道苍苍，缺乏锋利爪牙和凶猛性情的鹿，却有着其他猛兽不具备的一个优势——机敏而善奔跑。

当然，再机敏的野鹿也没有人类聪明，再擅长奔跑也不能逃脱能够妥善运用工具的人类捕捉。虽然确实要费一番心思和力气，但是，和那令人瞠目结舌的高价相比，这又算得了什么呢？

齐国商人的信誉良好，楚国人对于齐人的戒备之心慢慢消散。起初只有民间游商进入楚地，渐渐地，一些齐国官员也悄悄南下。这伙齐官不但不骄横，而且平易友善，就像楚人眼中的齐国军队一样，看起来就像是一群大腹便便的老财主。只不过，他们跟那些商人不太一样，他们虽然也出高价，但是，他们不收活鹿，只收陈粮。

反正富庶的齐人手里有着那些让人艳羡的财富，反正粮食这个东西也很便宜，将来赚了大钱，还怕没有粮食买吗？至此，其实管仲的计划已经露出了獠牙，可怕的并不是齐人就这样轻易地在楚地民间收购粮食，而是楚国君王，也如百姓一般的想法，有了钱，可以买到粮食。

莫名其妙地楚国君臣上下就此落入了管仲的圈套，按着一条可怕的轨迹一步步滑向深渊。足够高的利益和相对轻松而低廉的成本，让所有楚人趋之若鹜。大量的齐国资本冲入楚国，一场畸形而病态的经济繁荣，就这样悄然到来。

不久之后，齐国突然宣布不再收购楚鹿，参加了这场盛宴的楚人自然欢喜，没能从中牟取利益的楚人各自难过。然而，齐国虽然广费金钱，但是也并没有到掏空家底的程度。盐铁国有带来的赋税，为这场令楚人疯狂的"国际贸易"提供了足够的资本支持。随后，在各国之间广结善缘的齐人，突然扯起了周天子这面大旗，开始要求各国对楚国资源禁运，与此同时，以齐军为首的联军部队，也向着楚地进发。

楚王并不看得起这伙联军，任何联盟都无法避免互相猜忌。何况楚军强大的战力，让他有足够的信心给予敌人迎头一击，之前买卖活鹿攒下的金钱，也凭空令他多了几分底气。

意想不到的事情发生了。

不明所以的楚地百姓开始混乱，一时间，民心动摇，舆情纷纷。或许是国君做了什么错事，才令那群和善的齐国商人不再高价买鹿了？或许是朝堂上那群只顾自己赚钱的家伙们，捞够了财富，却得罪了别人，让战争就这么毫无征兆地降临了？

当然，楚王明白这一切都是齐人一手导演的，不过他并没有太过在意下面汹涌的舆情。这个世界确实需要讲道理和信义，但是有很多时候，最终还是要靠武力来辨别是非的。他准备召集部队，让这些上蹿下跳的家伙闭上嘴巴。

楚国迅速开始动员，准备迎击敌军，然而大军虽然还在，但是掌管后勤物资的士官却震惊地发现：春耕农事因捕鹿而断，且齐人又暗中收去一批存粮，此时，已经无法再征集到军粮了！这个残酷的消息远比齐人不再高价收购活鹿更让楚王痛苦。如果强行征集民间粮食，必然就会引发剧烈的冲突；可是，没有军粮，大军凭何血战？

齐人不再购鹿，楚民被断绝了财路，但总算是勉强可以维持生计。而联军压境，楚国再从民间征集已经不多的粮食，定然会引发哗变。

楚王决定用之前卖鹿的财富去购买粮草，可惜齐人早已算无遗策，步步紧逼，又岂会在此留下破绽。一时间，经过齐国整合联盟的各国纷纷开始在贸易上孤立楚人，楚国完全无法从境外购得粮食以度过危机。

大军徐徐压境，楚国上下惊慌失措，对于普通百姓来说，此时的金钱远远没有生命与粮食更重要，更遑论对国家的忠诚。各处楚民纷纷逃离，一时间，大批民众转投齐人，楚国之根基受到了前所未有的猛烈冲击。毫无办法的楚王只好割地赔款，低声求和。

这场没有硝烟的战争，就这样悄无声息地谢幕了。

并非是楚王昏聩不堪，也并不是楚国民众对国家毫无忠诚。齐人的钱财就像是一把钥匙，打开了欲望和原则的锁。当齐人莫名其妙地提出高价收购活鹿的时候，楚王并没有放松警惕，他知道天下并没有免费的午餐。可是，当这份财富足够沉重，齐国商人们散布的所谓的"齐王骄奢淫逸，为了一己私欲而修建牧场、为了宠妃而挥霍国财收购活鹿"的消息，就让楚王无比信服了。

楚王或许早已看透齐人的伎俩，但是却并不愿意说服自己去质疑。因为那个真实的答案与人性本身的欲望背道而驰。抛硬币之所以常常能够替我们做出抉择，并不是天意给予我们的指引，而是在硬币翻飞的过程中，我们心里早已有了自己对于这次占卜的希望。

于是楚国结结实实地栽了个大跟头，管仲对于人性贪欲的判断何其准确！或许他只是运用了经济手段，对敌国发动了一次偷袭，然而，注定这次偷袭必然能够成功的，与财富无关，只关乎人性。

善于把控人心的管仲多次故技重施，反复运用经济杠杆，炒作一种敌国特产，搅乱了别国经济基础之后再以经济之力施压。在财富的战场上掀起惊涛骇浪。无论是买狐降代还是服帛破鲁梁，都与买鹿制楚大同小异。明明并无过多机诡阴谋，却屡屡奏效，并不是各国的君主没能看出这些足以致命的陷阱，而是他们无法控制自身的欲望，于是前仆后继地冲向了那个简单的圈套。

这场改革真的成功了吗？

对外，管仲凭借着财富的力量，将诸侯玩弄于股掌之间。当然，若是仅仅靠着把控敌国人心，并不能完全使齐国强大起来。想要导演一场场精彩绝伦的货币战争戏，自身先要有足够的货币才行。

山川湖海矿脉盐铁能够源源不断地为齐国提供财富，然而仅仅是如此粗劣的开拓，并不能完全满足齐人用金钱的力量拍得敌人脑袋发懵这样的战术。然而若是过于将民间财富征收起来，则必然会导致民怨沸腾。

没有付出，没有回报。这样的道理任何人都明白，但是所有人都并不是很乐于付出。对敌国如此，对本国百姓亦如此。所以管仲对于政府财富分配和运用政权获得赋税提出了一个全新的概念：取暗与明。

给予的，令所有人都看得到；索取的，尽量隐藏在暗处。安抚住民心之后，管仲立刻颁布了全新的政策，令同业聚居。

说起来，齐国的官大人们对百姓还算不错，这条法令能够让所有同行业者聚居在一起，减少影响，互相促进。稳固的下层基础，奠定了齐人平和而固化的生活模式。没有一个木匠会和铁匠作为邻居，也没有一个厨师和农夫会有多密集的交往。

每个人安心地做好自己的事情就好了。

不会再有一个铁匠去想自然赋予的矿产为什么要被政权控制者在开采、运输、加工、贩卖等环节截取利益，也不会再有一个木匠的儿子去思考千年形成的树木和政府有什么关系。同行们在一起，更多地讨论如何能够节省木材做出更好更多的家具，而不是去发现，这个过程中政府已经悄然拿走的那份财富。

集成化的生产令管理更加便利，密集的生产区域固化的并不仅仅是张铁匠不会没事做的时候跑到王木工家里去聊聊今年锄头前面的铁器为什么会涨了些许价钱。更多底层人民开始熟悉和认可自身的平台和起点，他们并不需要明白太多，只要踏踏实实地做好自己的社会分工，就不至于挨饿，若是努力一些，还能过上更好的日子。

然而没有一个行业是以官员为产品的，每一个朝堂之上锦衣玉食的政客都是凭借着各地举荐和更高级官员的提拔。提拔他们的官员都还不错，至少都是很有学问并且热爱齐国的，这一批选拔者站在国家利益的角度上，还算说得过去。

平民百姓稳定的生活中，没有人再去研修治国之道，也没有什么人会在没完成自己手中的活计时去了解一下这个国家的权力机构应该如何运转，每一个官员和君主都清晰地明白自己所在环节应该完成的工作，而作为国家人口占比最大的那一部分群体，已经悄无声息地离这个世界越来越远。

选拔官员的工作，运行政权的事务，停留在了最早一批登上了权力巅峰者的手中，还好他们兢兢业业、勤勤恳恳。但是渐渐地，年轻而富有朝气的新生代官员越来越少，因为他们身处一个稳定而如同死水一般的环境。

管仲开启了社会化大生产的协作和整合模式，然而，却有意无意地忽略了开启民智这项维持和促进国家思想水平的重要工序。他不需要太过聪明的助手，也不需要一套完善的选拔制度，因为每一个人只需要做好自己的工作就足够了，他和他所代表的利益集团，越过了大众基础，直接管理国家。

诚然，知道应该知道的，做好应该做好的，不去了解不该了解的，不去尝试不应尝试的，对于统治阶级治理国家来说，绝对是维持稳定的利器。每一个国家机器的掌控者，都希望下面的平民百姓勤勤恳恳、不求回报地奉献自身就足够了，况且在春秋那个蛮荒而战乱的年代里，没有什么比稳定更加重要。

坚实到令人绝望的下层基础逐步固定，为高高在上的统治者提供了足以满足其欲望的足够财富。整个国家的权力通过一种平和而温柔的手段，高度集中在了少数官僚和国王手中。他们指引着齐国这艘巨轮，在暗流涌动的战乱时代劈波斩浪、奋勇向前，开创了足以名垂青史的霸业。

随后，管仲开始亲自引导高昂奢靡的消费。这位齐国有史以来最为聪明的舵手，一面指点江山，运筹帷幄，一面开设妓院，引导铺张。

管仲明白，现在仅仅让百姓能够吃饱肚子、穿暖衣服已经不再能满足大众了。多年辛勤而坚韧的生产劳作让大部分人并不再为了温饱发愁。民间积累的财富越来越多，单单是暗中索取已经不足以把这些财富尽入囊中了。他一面提倡着"仓廪实而知礼节"，一面并没有把运行政权、管理民众的智慧完全播撒到大众身上。反而开始鼓励百姓、商人们，拿出自己的钱财，去享受物质生活。

没有人能够轻易抵挡温柔乡里纸醉金迷的妖娆红颜，也没有人天生就讨厌镶金佩玉高雅舒适的衣冠。这些令人生理愉悦的产品显然比寒窗下的苦读和绞尽脑汁的思考更容易让人接受，每个人都喜欢安逸而享受的物质生活，并且在不影响生活的情况下，乐意为之买单。

繁荣的齐国有着最令人流连忘返的消费场所，有着足够让夫人们眼红的锦衣玉食。百姓们高声称颂着官老爷们的功绩：

好一个盛世！

至于那些虎视眈眈的外敌们，自然有大人们遮风挡雨，强大的楚国不也就那样倒在了金钱的力量之下，没有大众在意管仲到底是如何运用了财富的力量，也没有太多人喜欢探究隐晦在暗处的人性之剑如何挥舞。

管仲引导下的齐国，政清人和。朝堂之上的臣子们，为了祖国殚精竭虑，无数风雨和暗箭飘打在那宏伟的王宫之上，没有溅起一丝涟漪。

然而人总是逃不过时间这把锋利屠刀，每一个官员和君王都不会因为尊贵的身份而能够豁免岁月的审判。管仲渐渐地有些疲惫了，因为他宽大的官袍下渐渐衰老的臂膀，依旧在狼烟四起的大地上，抵挡着来自各方的沉重压力；他继续挥舞着，为一艘金光闪闪的巨舰，指引方向。

当齐王来到衰老的管仲身边，为这个国家的未来询问方向时，管仲推荐了与他一起劈波斩浪的鲍叔牙等人。然而，他们也不再年轻了。

固然层层推荐选拔人才的制度看起来并没有什么过错，然而这种对于选拔者和被选拔者自身素质有着严格要求的制度显然并不适合大规模成体系的发展和推广，百姓们牢牢守着官员划定好的"士农工商"范围稳定地生活着，大家并不在意，真正的人才培养体系，对于一个国家到底有多么重要。

这场轰轰烈烈的战斗，似乎要落下帷幕了。

完美的治国之术令齐桓公站在天下霸主的位置上，呼风唤雨，勤勤恳恳的大臣们无时无刻不在为了国家的发展奉献力量。可惜，有时候，完美就意味着绝望。

没有人能够再做到像管仲一样了，他并没有把自己控制人心、算尽人性的才华和智慧传承发扬，因为没有一个合格而又足够忠诚的继任者，能够在妥善地利用这份力量同时，还能让齐王对其有妥善的掌控。也不是所有官员都能够保持为国初心，一代代固化的下层基础，并不能真正为国家提供如前任者一般杰出的人才。而渐渐降低的选拔水准，也削弱了齐国的根基。

人治而引导的改革和发展，在没有形成完善体系的情况之下，随着指引者的离去，渐渐熄灭。因为不是每一个人都能控制自身的欲望，能够出于对国家的忠诚，而战胜自己人性的黑暗。

公元前645年，这个算尽人心、因势利导的天才，在岁月的屠刀之下，闭上了眼睛。不久之后，齐国大乱，一代霸主齐桓公，因四个儿子的权力斗争，遭到软禁，活活饿死在恢弘的宫殿里。

自此，人死，政熄。

道法自然，从此荆楚入中原——孙叔敖

　　本是荆楚官宦之家，父辈在残酷的政治斗争中一败涂地。逃难他乡，饱尝世间疾苦。直到风云再起，凭借近乎完美的品德和卓越的才能，再次登上了楚国的朝堂。广修水利，布政以道，修建了被后世誉为"水利之冠"的芍陂等遗泽千年的水利工程。辅佐楚庄王，饮马黄河，问鼎中原。直到逝世一刻，没留下金银财宝、富饶封地，却只有一句遗命，恩及子孙，绵延不绝。他，叫孙叔敖。

这是一个多险恶的楚国？

公元前 626 年，南楚之地，一支由宫廷侍卫和皇城警戒军组成的部队包围了楚国皇宫。

明亮的宫殿中，似乎有一阵阴冷的风，在不停地呜咽着。王座上的君主脸色苍白，过了良久，君主抬起头，有些低沉地对殿中持剑而立的少年说道："寡人，毕竟一国之主，身份尊贵，既然已经如此，那么就给我上一道熊掌吧，吃过之后，一切都是你的了。"

"还是别了吧，拖下去对你我都不好，我知道您在等什么，您也知道我想要什么，至于这熊掌，想必此时吃起来，也没有什么滋味，何必在已经注定的结局下，走得那么难看？安心去吧，我的父亲。"

> 冬十月，以宫甲围成王。王请食熊蹯而死。弗听。丁
> 未，王缢。
>
> ——《左传·文公元年》

两年以后，逼迫父亲自缢而登上皇位的楚穆王以雷霆手段稳

固王权之后，迅速出兵，南征北战，在混乱的春秋时代，发出了楚国的声音。公元前624年，楚军围困江国（今河南息县西南），随后，与前来救援的晋国军队展开了激烈战斗，双方互有攻守，未分胜败，楚军撤退。

公元前623年，秦晋之间爆发战争，江国失去了晋军的保护之后，被再次入侵的楚军迅速吞并。

公元前622年，秦军攻楚，楚穆王迁都回避，劳师远征的秦军占到一些便宜之后也就迅速撤军了。原本认为秦军入侵，时机到来的楚国附庸六国（今安徽六安北）起兵反叛，但是秦军迅速后撤之后，楚国主力迅速出动，灭亡六国。同年秋，楚军再次出兵，灭亡蓼国（今河南固始东北）。

烽烟四起，礼制崩坏，反复的背叛和战争让楚国的大地上弥漫着血腥的味道，为了利益，没有忠诚，更遑论信仰。也是了，在这乱世之中，谁又能知道明天呢？不光是楚国，各方诸侯，也不断地上演着背叛与杀戮。

公元前618年，楚军挥师北上，逐鹿中原。公元前617年，楚国重臣斗宜申、仲归谋划弑君政变，事败，被杀。

公元前614年，掀起了无数腥风血雨的楚穆王，也没能逃过时光的侵袭，老了，病了，死去了。

其子熊侣继位，称楚庄王。

楚国这片土地上，有过太多背叛与杀戮，生在宫闱的庄王自小便见过了太多鲜血淋漓的斗争，他似乎有些明白了，这个世界上，没有什么人值得信赖，唯有自己，唯有力量，才是最为忠诚的依靠。

就如同他那一声"止戈为武"的呐喊，他希望整个中原都明白楚国的决心、欲望以及力量。持续不断的扩张战争令楚国逐渐拥有了强大的力量和广阔的疆土。此时，因为武力而膨胀的不仅仅是土地，也有由欲望催生了背叛。

公元前 606 年春，楚军陈兵周天子辖境，遣使者拜见周王，并问九鼎轻重大小，在所有人都觊觎同一种事物的时候，如此张狂而轻佻的楚军过早地暴露了自己的欲望。各路诸侯纷纷集结部队，意图击楚。楚庄王知犯众怒，引军回撤，史称"问鼎中原"。

不久之后，不甘寂寞的楚军再次与晋国发生了冲突，而此时，楚国国内，再次爆发了一场惨烈的政变。

楚地名族若敖氏发生火并。斗般为令尹，子越椒为司马，蒍贾为工正。起初，子越椒与蒍贾联手，杀死斗般。然而没有什么契约能够在利益和欲望的冲击下保持稳定，若不动摇，只是筹码不足。但此时，楚王远征，大权在握，子越椒与蒍贾的联盟契约并没有足以抵抗权力诱惑的稳固基础。因利益而盟，自然也可以因利益而散。

斗般已死，子越椒与蒍贾之间的冲突也迅速爆发，实力占优的子越椒很快控制住局势，蒍贾遭囚，继而被杀，叛军驻兵蒸野。随后与回师的庄王发生激战，双方实力相当，又各自有不得不死战之理由，战况惨烈。

七月初七，庄王军与子越椒所部在皋浒决战。子越椒向楚庄王连射几箭，险些命中，叛军声威大震，王卒气势怯懦。然而楚庄王南征北战，逐鹿中原，显然不会被轻易打败，面对叛军锋芒，庄王不退反进，麾下神射手养由基（一说为潘党）开弓放箭，于乱军中射死子越椒，叛军阵势大乱。楚庄王趁势反扑，叛军兵败如山倒。楚庄王乘胜追击，剿灭了若敖氏。

自此，楚国的王权终于开始高度集中，当然曾经叛乱的失败者也自然需要承担失败的代价。数个曾经高高在上、掌握楚国命运的名门贵族遭到了血腥灭族。昔日恢弘的府邸残垣断壁，昔日精美的园林荒草凄凄。

在这场席卷了整个楚国的风暴中，斗般已死，子越灭族，而充当了最早一批政治斗争牺牲品的蒍贾家族，也不复往日辉煌。但是，并不是整个家族所有人都愿意为了这场虚无缥缈的权力斗争从容殉葬，其中一对母子目睹了家族兴衰、政变惨烈之后，在局势危急之时，联络了部分没有参与政变的楚国官员，迅速出逃，避难他乡。并且，幼子不再以蒍为姓，改名孙叔敖。

自幼见证了惨烈斗争的孙叔敖显然要比别的孩子懂事一些，出身名门、天资聪颖的孙叔敖开始师从当地名师。坎坷的童年与腥风血雨的政治斗争，并没有击垮这个逃难的孩子。反而，善良与仁爱的种子，却在小小的心间生根发芽。

年幼的孙叔敖明白生命的珍贵，出身望族、长于平凡的他不断接受着来自命运的馈赠。悲天悯人的少年曾经在山间遇到了当时视为大凶的一条双头小蛇，在传说中，人见此蛇，则必死。而年幼的孙叔敖却咬紧牙关，杀死双头蛇并深埋了尸体。归家之后，泣别老母。

母亲不解，问其原因。孙叔敖回答："闻听见双头蛇者必死，今吾见，命不久矣，不若杀之，葬之，以绝亲邻百姓之祸！"

然而传说总归是传说，见了双头蛇的孙叔敖没有死去，而得知了这个消息的百姓们，无不为这个少年的仁爱所感动。在这个人命如草芥的战乱年代，如此善良仁义的少年，就如同刺破乌云的一束阳光，得到了百姓最为真诚的爱戴。以至于后来孙叔敖重回楚国执政，政令未出，天下已服。

> 孙叔敖为婴儿之时，出游，见两头蛇，杀而埋之。归而泣，其母问其故，叔敖对曰："吾闻见两头之蛇者死，向者吾见之，恐去母而死也。"其母曰："蛇今安在？"曰："恐他人又见，杀而埋之矣。"其母曰："吾闻有阴德者，天报之以福，汝不死也。"及长，为楚令尹，未治，而国人信其仁也。
>
> ——《新序·杂事一》

为什么不担心人之三怨？

楚国拥地千里，带甲百万，广阔的国土和彪悍的民风让这个国家拥有着强大的战争潜力。历代楚王也清楚地明白，偏安一隅的王国早晚都会灭亡，他们之中有明君，也有庸才。但是目的却始终一致，就是让这个国家走向巅峰，入主中原。

但是历来楚地都被中原诸侯视作蛮夷，并不先进的文明即便有了强大的武力，也往往会被那些所谓开化知礼的中原君主们看不起。强大的战力虽然给了楚国追逐梦想的基础，但是这条路却并不顺畅。历代楚王也明白这一点，他们对于人才的渴望，甚至远远超过了北方诸侯。

孙叔敖凭借着自己的名望，渐渐步入了楚国领导层的视野。没有一个君主会甘心自己的王国堕落，之所以有那么多亡国之君，并非是这些君王天生就喜欢让自己的权力沦陷，只不过他们的才能不济，不能准确地辨认出一位臣子最终的目的是不是为了这个国家。

春秋年间，农事为本。一个国家是否拥有足够的战争潜力和话语权，与这个国家的农业实力密切相关。人类从蛮荒一路走来，苍茫的天地间，正因为有了农业，人类社会才能够逐渐向前发展。虽然每一位国王都十分重视农业，但是落后的科学技术和各种各样不可控制和抵御的天灾地变，都为农业文明的前行蒙上了一层阴影。

公元前 605 年，孙叔敖在期思雩娄（今河南省固始县史河湾试验区境内）主持兴修水利，建成中国最早的大型渠系水利工程——期思雩娄灌区（期思陂区）。

期思陂位于固始县史河东岸、泉河西岸的一个狭长地带。史河古称为"决水"，为淮河南岸流程最长、支流最多、流域面积最大的一条支流，全长 263 公里，流域面积 6880 平方公里，源起安徽省金寨县大别山区，流经固始县境入淮河。固始县境内，有自南向北分支的阳泉水（即今泉河），阳泉水往东北流，下游仍入史河。

决水又北右会阳泉水，水受决水。

——《水经注》

史水北流，经黎集石嘴头、龙潭寺，到固始县城北会灌河（古称曲河），再到三河尖入淮河干流。三河尖以淮河、史河和灌河汇流之要冲而得名。固始县内，雨量丰富，但所降之水都要依靠史河排泄。而史河上游河身狭窄，坡度又陡，每逢山洪暴发，水势凶猛，大水时可使史河口水位抬高数米，顶托淮水，使淮水流速大减，造成淮水倒流，形成洪灾。因此，涝不能排，旱不能灌，令当地的农业饱受其苦。

孙叔敖清楚地知道，人永远无法选择命运，生于灾地，不进则死。在这个技术与工具落后的时代里，仅靠人力，绝难以抵抗特殊地理环境导致的灾患。年轻的孙叔敖并没有时间去辨析上天给予他的平台是不是公平合理，他需要尽快解决这个问题，以解救当地百姓。

于是静静的月夜中多了一个奔走的身影，林间古木染着银色的光芒，在风中悄悄摇曳着，发出沙沙的响声，似乎在为这个年轻而倔强的身影喝彩。黎明的光渐渐刺破了黑暗，金色的太阳拱动着苍茫的地平线，一跳一跳，好像有一双手，奋力地想要将光明托起。嶙峋的怪石就像是无言的倾听者，山间潺潺的小溪好像被调皮的风和小鱼撩拨着，轻轻浅唱着叮咚的歌。巍峨的太行山脉，似乎也像是一个一向严肃的老人露出笑容一般，蓦然间，多了几分勃勃的生气。

孙叔敖时而呆坐在山间，时而漫步于河畔，他似乎看到了些什么。河水不停地奔跑着，带着浑然天成的舒展，也挟着势不可挡的力量。原来，水所以为患，并非仅仅是苍生之灾祸，"天地不仁，以万物为刍狗"，悠远的天空与大地上，众生平等，人类，并没有什么特别应该得到天地的眷顾。堵不如疏，顺应天道，才是变患为利的正途。

此时，孙叔敖在百姓中的声名起到了至关重要的作用，他开始整合民力，准备修建疏导工程。与其他徭役不同的是，这次工程并没有让当地百姓产生激烈的反弹。没有人认为这个宅心仁厚的年轻人会有什么歹念，如此心肠慈悲的他，定然是要为了当地百姓，才如此做的罢。所以这场工程在孙叔敖的设计和主导下，很快开工。

于是这项被后世沿用了 2600 余年，至今仍在恩泽一方的传奇工程如火如荼地开始了。首先，于固始县境内史河东岸的黎集石嘴头开挖河口，引水向北，后世称此水为清河。在史河下游东岸黄土沟柴家港开口引水，后世称之为堪河。清、堪两条渠河蜿蜒于史河、泉河之间的狭长地带，疏导灌溉，其区内有渠有陂，引疏妥善。另在县西曲河（今灌河）上、中段，分别安闸筑坝，引水入陂入塘。又在县南急流、羊行等河段各设灌口。分流减势，次递疏导，安闸垒坝，筑陂筑塘，灌溉稻田。下游水涝之害从此平息，遇旱又可引水灌溉。从此，山溪之湍波变沃壤之美泽，其水利工程区域内，被后世誉为"百里不求天"。

如此卓越的才能自然引起了楚国君王的注意，没有什么比事实更具有说服力。充斥着勾心斗角与阴谋暗战的楚国政坛并不是楚国君王完全需要的。固然帝王需要制衡臣子，统领全局，但是有着真才实干又在民间声誉斐然的大臣，没有人会讨厌。

原本一直被楚王和文武百官所小心谨慎又十分纠结的令尹之位，就这样成了孙叔敖迈向楚国政坛高层的平台。恍惚间，孙叔敖回忆的闸门被一双无形之手悄悄推开了。当年父亲陷入政变内战的一幕幕惨剧恍若昨日，而如今，逃亡异乡的自己，再一次回到了这个陌生而又熟悉的朝堂之上了。他并不想评价当年父辈的政治立场和作为，若是人拥有或追求了与之才能所不能匹配的欲望和地位，那么唯有灭亡一途而已。

就这样，那个当年与母亲仓皇逃亡的年轻人，回到了楚国权力的核心。这个庞大的国家机器在日夜不休地运转着，为了王的欲望。

一个人无论出于何种目的，做了什么，都会有人不满。千百年来，这种思维始终在这片土地上根深蒂固。孙叔敖也没有例外。一日，狐丘有隐士拜访了这位新晋重臣，并与他恳谈良久，后世称之为："三利三怨之谈。"

狐丘隐士并没因孙叔敖身居高位而谦恭委婉，反而很直白地问道："我听说，有三利必有三害，你知道吗？"

孙叔敖也并没有因为权势与地位而骄傲，于是很诚恳地答道："我不聪明，怎么能够知道。请问什么叫三利，什么叫三害？"

狐丘丈人说："爵位高的，人们会嫉妒他；官大的，君主会厌恶他；俸禄厚的，怨恨会集中于他。这就是三利三害。"

孙叔敖说："我想应不是这样的。若我爵位越高，心志越在于下；若我官越重，做事越加谨慎；我的俸禄越是多，布施越加广泛。这样可以免于害吗？"

狐丘丈人说："说得好啊！这种事连尧、舜他们都感到犯难患苦。"

> 孙叔敖遇狐丘丈人，狐丘丈人曰："仆闻之：有三利必有三患，子知之乎？"孙叔敖蹴然易容曰："小子不敏，何足以知之？敢问何谓三利，何谓三患？"狐丘丈人曰："夫爵高者，人妒之；官大者，主恶之；禄厚者，怨归之。此之谓也。"孙叔敖曰："不然，吾爵益高，吾志益下；吾官益大，吾心益小；吾禄益厚，吾施益博，可以免于患乎？"
>
> 狐丘丈人曰："善哉言乎！尧、舜其尤病诸。"
>
> ——《韩诗外传》

从来没有人可以让所有人都认可，为官尤其如此，上对君王，下接黎民。权势所带来的欲望，地位所带来的骄傲，以及财富所导致的妒忌，尽能令人迷失。

对于君臣之间来说，位高权重则必有势力，若加以不臣之心，轻则提防掣肘，排挤疏远，重则贬官撤权，君疑臣死；对于同僚之间来说，拥有的权力和地位，若是辅以倨傲之意，轻则心生壁垒，众臣之间勾心斗角，重则妒忌谗言，怨怼构陷；对于贫富来说，官者钱粮俸禄，尽是民脂民膏，高官自然厚禄，若以贵贱之别，轻则沟壑尽出，黎民百姓阳奉阴违，重则政令难行，治国艰难。

缺乏力量和地位支撑的谦恭，并不是真正的美德，那不过是人类自我保护而采用的手段而已。而拥有了权势和财富的仁慈，才恰恰是令人难以挑剔的美德。

狐丘隐士所提出的三利三害，并非危言耸听。自古以来，最难做的，永远都是控制。无论控制他人，还是控制自我，尽是需要以大智慧大毅力方能做到。而年轻的孙叔敖，蹚着父辈在这朝堂之上留下的淋漓鲜血，如履薄冰，小心谨慎，就如入世几十年的老者一般，看淡了应看淡的，尊重了应尊重的，控制着应控制的一切。就这样从容自在、举重若轻地迈过了狐丘隐士口中尧舜也为之困扰的阻碍，一步一步地走向了人生的巅峰。

如何让楚国融入了世界？

自周天子分封天下以来，南楚之地从来都被中原诸侯所鄙夷，地处蛮荒，人文粗犷。但是，从来没有君王喜欢永远被别人看不起。满足了基本生存需要之后，所有人都希望获得尊重以及敬畏，甚至是更美好的一切。楚王自然也并不例外。

无论是当年举兵北上问鼎中原，还是频兴战事震慑群雄，历代楚王心底都有着让这个崭新的楚国获得认可的欲望和决心。他们挥舞着锋利的武器，纵横沙场，南征北战，向整个世界展示着楚人绝强的武力。当年楚地周边，小国附庸邻里，其中既有楚国当年的盟友，也有曾经的敌人。然而时至庄王年间，这些国家，已经伴随着楚人震天的喊杀声和猎猎的旌旗，烟消云散。

频繁的战争除了带给楚国越发广袤的土地之外，也带给了交战双方百姓难以磨灭的伤痕。任何一场战争，哪怕规模再小，也必定有人为之付出财富和鲜血。对战败一方如此，楚国也并没有什么不同。

楚王决定颁布新的货币政策，因为战争所消耗的财富并不能凭空诞生，如果凭借政权和军队的力量，从百姓手中强行收取，对于王国的稳定来说显然不是什么好事。原本在这乱世中艰难生存的黎民百姓已经品尝着足够苦涩的命运，如果连基本的生活资料再被执政者强行夺取，那么与其穷困饿死，还不如揭竿而起。楚王深刻地了解这份源自求生本能的可怕力量，当然也并不想尝尝这份力量的威力。

楚王很聪明，他决定发行和引导使用金属含量更低、面值更大的货币，通过市场流通，来调节和聚敛民间贵重金属所代表的财富。然而还是有人能明白这一点，于是大批商人和底层生产者开始恐慌，市场和经济系统出现了前所未有的动摇和危机。此时，新货币政策仅仅颁布了三天。

孙叔敖发现了这一点。他明白如此手段，对于民间财富几乎无异于一场掠夺。于是，在所有大臣都因王权而畏缩不前的时候，他决定上书进谏，保护民利。

仁厚的品行，为民争利的决心，以及对全国局势的准确判断，让孙叔敖毅然冒着被君王否认甚至贬退的风险去劝谏楚王。

他深刻地了解，国力有尽，民力有限，逆理强施，必然会导致可怕的结果。艰辛的童年民间生活，赋予了他体恤百姓的慈悲，而官宦世家的出身带来的广阔视野和饱尝政坛心酸的人生智慧，也铸成了似乎足以刺穿阴云的命运之剑。

楚王并不傻，从来大道废，有仁义；国家昏乱，有谏臣。孙叔敖在朝堂之上的据理力争和坚决如铁的态度，让他明白了此项财政改革将会引发一场足够动摇统治根基的混乱。政令下达后的民间反馈以及令尹孙叔敖的直言犯谏，终于让这位并不想就此摧毁楚国的君王改变了主意。于是新币政策迅速终结，民间欢声鼓舞，朝堂君臣一心。

随后，孙叔敖立刻着手整顿和振兴经济。遵循天时，广开农耕。春夏时节，减免徭役，解放民力，推动农业生产；秋冬之际，伐木拓荒，利用农闲，生产建设。同时，确立法令权威，清新吏治，教民遵法向善。一时间，楚国大治，政通人和。

> 孙叔敖者，楚之处士也。虞邱相进之于楚庄王，以自代也。三月为楚相，施教导民，上下和合，世俗盛美，政缓禁止，吏无奸邪，盗贼不起。秋冬则劝民山采，春夏以水，各得其所便，民皆乐其生。
>
> ——《史记》

时光荏苒，楚地一派勃勃生机，民生富裕。楚人有风俗，喜乘低矮车辆，楚王不满，希望予以改革，以便通俗中原。然而直接下令改变一地风俗，并不是那么容易。此时，孙叔敖不动声色地提出，政令屡改，百姓必将无所适从，何况想要移风易俗，何必强用政法之力。中原大户，高贵门庭，门槛颇高，既然百业振兴，楚国自然也可以加高门槛，以示尊贵。

楚王不解其妙却遵从令尹计策。孙叔敖随后宣扬，君子仪容，乘车徐行，岂有总是下车之理？

门槛高而车马低，出行虽然无碍，却似乎真的像令尹大人所说，君子出行，岂有总是下车的道理？于是民间风俗一新，车马仪仗，出行习俗，渐与中原相通。

> 楚民俗好庳车，王以为庳车不便马，欲下令使高之。相曰："令数下，民不知所从，不可。王必欲高车，臣请教闾里使高其　困。乘车者皆君子，君子不能数下车。"王许之。居半岁，民悉自高其车。

> ——《史记》

风尚革新，民礼教化。孙叔敖马不停蹄地开始设计和规划建设新的国家大型水利设施，以便农业生产，百姓民生。经过长时间的休养生息和教化引导，每一个楚国百姓似乎都开始对这个国家产生了归属和感情。于是兴建水利工程的计划，顺利推行。

楚庄王十七年（公元前597年）前后，楚国开始兴建了蓄水灌溉工程——芍陂。工程因水流经过芍亭而得名。其主体建设区域，位于安丰（今安徽省寿县境内）附近。安丰为楚国北疆农业重镇，地处大别山的北麓余脉。东、南、西三面地势较高，北面地势低洼，向淮河倾斜。遇雨则洪涝，遇旱则荒野。

按照孙叔敖的规划，当地居民将东部积石山、东南部龙池山和西面六安龙穴山所出溪水引导汇集于低洼的芍陂之中。并建五个水门，以石闸控水量，水涨则开门以疏之，水消则闭门以蓄之。于是，洪涝无水患，旱期有甘泉。随后，于西南开子午渠，上通淠河，扩大芍陂的灌溉水源。芍陂水利工程，达到了灌田万顷的规模与功效。

　　并不是所有的赞同都来自于武力，因无法抗拒而表达的认可本应叫做屈服。泱泱楚国，带甲百万，兵强将勇，曾经这份强大的武力，却并没能蘸着鲜血，在人心中留下痕迹。连绵不断的血战和声嘶力竭的呐喊，看似声势浩大，却根本无力穿透人心中那一层厚厚的云彩。

　　然而当楚国在孙叔敖的调控之下，偃旗息鼓之时，一种莫名的力量却悄然达到了原本刀剑和厮杀也没能实现的效果。

　　并不是所有楚国百姓都惧怕战争，摒弃荣耀，也不是每一代楚国君王都昏聩不堪，屡战屡败。然而，无论他们如何努力，如何拼命争取，却始终无法让自己的国家在混乱的世道中，得到一个能够得到所有诸侯从心底认可的名分。明明比楚国更弱小的中原国家，却依旧敢于发自内心地对楚国表示鄙视，冷嘲热讽一句："蛮夷也！"

　　楚国几代人都没有真正地明白，他们到底做错了什么，或是缺少了什么。融入世界，难道不是凭借手中锋利的武器吗？让天下诸侯尊崇赞美的这份荣耀，难道不是凭借着千乘兵车浴血奋战吗？一任任楚王为了能够组织起千乘兵车的宏伟大军和足以斩断一切的锋利刀剑，殚精竭虑，耗尽心血。终于，军队和武力初具规模，中原诸侯的认可并没有随之而来，而楚国的百姓们、官员们，却已疲惫不堪。

　　然而孙叔敖似乎冥冥之中触摸到了时代的脉搏。他所有的执政举措，所有的工程建设以及民生调整，并没有延续前代楚人的道路和思维。他似乎觉得，并不是所有事情都可以用武力解决，所有地位都建立在刀剑之上。或许足够强大的武力可以让楚国百姓和天下诸侯都卑躬屈膝，足够锋利的刀剑能够一时撑起铁与血的荣耀。然而被力量强迫的弯曲总归会随着力量的衰减而反弹，所有堆砌在刀锋上的荣耀，早晚必会被锋芒割伤。

当然乱世中足够保护自己的武力也无可或缺，然而楚国似乎缺少的并不是这种武力。在诸侯们眼中，充满了蛮荒与粗野的楚地，荆棘遍布，穷山恶水，所有的楚人，歇斯底里，疯狂好斗。

当潺潺的河水随着建设好的水利工程滋润了大地，当丰收的味道弥漫在楚国上空。终于，孙叔敖发现了，楚国到底缺少了什么。

宁静与稳重，平和与浪漫。

终于蛮荒楚地一点点变成了肥沃富庶的江南，足够丰富的物产和资源让始终如困兽般与天地搏斗的楚人松开了手中的刀剑。宽仁大气的法令让人民不再为了缺乏安全感而如履薄冰，战战兢兢。而到了此时，上顺天道、下应人和的楚国，终于开始向世界展现江南美好的浪漫。

于是楚国瑰丽动人的文化渐渐成型，崇尚仁礼的思维缓入人心。人们充满敌意而暴躁的目光渐渐清澈，更多的楚人开始尝试着不再用充满愤怒和戒备的态度去面对他人。

战争固然是实现政治目的的重要手段，然而在许多看不见的力量面前，武力并不能完全解决一切问题。当平和澄净的信念渐渐深入人心，中原诸侯们那一道竖立在心中的壁垒，没有被刀剑刺破，却无声无息地烟消云散。

遗命凝结了怎样的智慧？

天地之所以能长且久者，以其不自生，故能长生。没有意识和欲望的天地可以无视岁月的力量。然而人类却并不可以。死亡的收割不会因为谁的身份尊贵而网开一面，也并不会因为谁改变了整个世界而犹豫不前，无论这份改变是好是坏。因为在时光面前，所有的好坏，都并非恒常，也并不稳定。

自来多慧易夭，红颜薄命。在命运慷慨赋予的同时，也自然会取走相应的代价。凭借着出色的才能和超脱于众生的智慧，孙叔敖搀扶着楚国，一步步迈向巅峰。然而多年的繁重工作与殚精竭虑的辛劳，也给他留下了难以磨灭的伤痕。

约公元前 593 年，这个为了楚国奉献了一切的男人病倒了。命运并不想给他太多的时间从容而持续地改变世界。病榻之上，孙叔敖叫来自己的儿子，下达了作为父亲的最后一条命令：

"楚王多次封赏，为父未受，至我命尽之时，王必封赏与你等，定要坚拒肥美丰腴之土，唯请贫瘠凄凉之处。楚越交界，有地名寝，山地贫瘠，多有鬼神作乱之说。楚人畏鬼神，越人事鬼神。两国俱厌此地。今日大限将至，生死有命，无需悲伤，为父一生未曾谋求私利，如此，且就为你等，谋一世的安宁吧！"

> 孙叔敖疾，将死，戒其子曰："王数封我矣，吾不受也。为我死，王则封汝，必无受利地。楚、越之间有寝之丘者；此其地不利，而名甚恶。荆人畏鬼，而越人信禨。可长有者，其为此也。"
>
> ——《吕氏春秋》

言罢不久，孙叔敖溘然而逝，年仅三十八岁。

整个楚国沉浸在了失去指引者的伤痛之中，披坚执锐喋血沙场，与中原诸侯南征北战多年的铁血君王也为之悲痛不已。此时，他决定，善待孙叔敖的后人。

于是楚王立刻召见了孙叔敖的子嗣，并且毫不犹豫地从楚国的版图中圈划出了非常富饶的一片，希望能够借此表示对逝去贤者的尊重和悼念。而此时，孙叔敖之子谨记父亲的临终遗命，坚辞不受，却提出了只要那片贫瘠而鬼气森森的山地。楚王不解，却也并没有继续坚持下去。就这样，孙叔敖的家族，离开了富饶繁华的楚国中心，在一片荒凉贫瘠的山脉中安定下来。

时光荏苒，孙叔敖会死去，楚庄王也并不会例外。命运在高高的苍穹之上，肆无忌惮地嘲弄着芸芸众生。所谓贤者先知，并不会常常出现，所谓明君雄主，也不一定代代相传。杀戮与争夺并不会永远消失在这片土地上，而孙叔敖的家族却在那片荒郊野岭，绵延不绝。

恍惚中，智慧的光芒能够穿透厚厚的岁月，此时人们惊讶地发现，当年的豪门世家，随着征战和杀戮，王朝的更迭，如云烟般悄然消散，而当初看似不合理的遗命，却让孙叔敖的后人，在这乱世中，还能够妥善而平稳地生存下去。

到底是什么样的力量，让这片荒山野岭成为了乱世中的屏障，保护着贤者的子嗣绵延万代？而那位为楚国指引着方向的先知，他的遗命里到底隐含着何种智慧与玄机？

"水善利万物而不争，处众人之所恶，故几于道。"（《老子》）

这片荒凉而阴森的山脉，并不是有多么森严的壁垒，已经退出朝堂的孙叔敖氏族，也并没有能够傲视群雄的武力。然而，他们之所以能够绵延不绝。所依靠的，恰恰是人心与欲望的深渊。

另一位贤者庄子，曾经提出："知其不可奈何而安之若命，树木成材，则难免斧钺。"就像道家所描述的那个"足够大的葫芦"一样。因为并没有什么值得利用，所以足够长久。保护着这片荒山野岭的，也许恰恰正是"楚越对于鬼神的厌恶或敬畏"，与毫无价值的生存状态。

君王固然希望能够得到更多的土地和更广袤的江山，然而若是以有限的力量去不断争夺一片毫无出产、贫瘠荒凉的山脉，显然是并不划算的。在我们的世界中，太多人习惯了以利益来权衡价值，唯有堪破了世间真理的贤者们，才能够超脱出欲望的囚笼，以是非来处世。

这片土地最重要的价值是给予人类生存下去的空间，而在这里产生的利益与物质，只不过是其根本价值的附属品。而越来越"聪明"的人们，却渐渐地把附属品看得比根本更重要。

尊严与自由显然可以借由财富和力量来实现，追求更多的财富以及更强大的力量当然足够重要。然而殊不知，在有限的资源和空间中，财富与力量的争夺一定是惨烈而疯狂的。并不是大家愿意挥舞着刀剑拼尽力气，挥舞刀剑厮杀，而只是为了争取到原本既定的空间和自由。而在争斗的过程中，空间和自由，成为了追逐力量和财富的筹码和牺牲品，初心早变，又怎能求天长地久。

这片荒山没有众人所追逐的"财富与价值"，于是轻而易举地避过了这场你死我活的斗争中最为致命的屠刀。大家所厌恶的，所鄙视的，何尝不是我们出发时，曾经远远憧憬着的终点？然而并不是所有人都能够看穿，也许，众人都不想看穿吧。毕竟，路上的繁华，除了成为走向终点的桎梏之外，还能带来当时的愉悦。

就像孙叔敖引领着楚国，融入了中原一样，他并没有完全依靠锋利的刀剑和武力，反而凭借着自我变革，悄悄冲破了人心中那层如铅壁垒。而他为后代所留下的，却是由欲望和利益所铸成的，坚实屏障。

所有的欲望都有其实现的途径，更多的人选择了一条看似捷径，而实际上杀机四伏的蜿蜒小径。而为了不断地前行，在这条布满荆棘的路上，人们不停地挥舞着刀剑，披荆斩棘，耗尽了力气。同时却不断地劝慰着、麻木着、欺骗着自我：这是为了实现那个宏伟的目标。

然而走着走着，却离终点越来越远了。人们忘记了自己当初想要达到的目标到底是什么。而这一份看似愚蠢的遗命，却直指本心，越过了无数险阻，实现了孙叔敖在这乱世中荫蔽后人，绵延氏族的最终目的。

畏惧鬼神的楚人与崇敬神明的越国，并非没有诞生过足够强势的君主，他们手中的刀剑也并不会永远迟钝。然而君王也并不会完全悖逆民族的传统，费尽力气去征伐一片两国百姓都并不中意的荒山。在那个战火纷飞的年代里，鬼神对于民众来说，其约束力，堪比信仰。

就这样，一片除了鬼神传说之外毫无出产的荒山，成为了孙叔敖家族在乱世中温馨的避风港。民众对神明鬼怪的好恶与君王对于价值利益的权衡，成为了保证这片土地最终归属的有力支撑。

乱世中的自由与安全，如此而已。没有什么东西在那个时代比这两样更加宝贵。人间的财富与辉煌、荣耀与梦想，恰恰成为了前行路上的障碍，也成为了这片荒山之外，最为牢靠的卫戍。

　　而且当场拒绝了君王丰厚赏赐的臣子后裔，明显比领取了一片富饶肥美封地的官二代更加令帝王放心。险恶的楚国政坛虽然因孙叔敖的政令和作为，逐渐向着更加平稳的方向改变着，但是自古以来，并不会有一位帝王真真正正地完全信赖一个不足以掌控的臣子。臣子们手中的财富与力量，何尝不是君王寝食难安的鲠刺，也何尝不是那一把始终悬在自己头顶上的催命屠刀？

　　君王出于对孙叔敖的信赖和尊敬，分割了土地，下放了权柄，并不是因为孙叔敖的人格魅力和才能让帝王五体投地。只不过高高在上的楚王需要这份才能和魅力，来更好地实现自己的梦想和欲望。重重封赏孙叔敖的子嗣出于情感，却最终一定会终结于利益。

　　与其等待着那一柄不知何时会因利益而斩下的屠刀蓄势待发，还不如把利益还给君主。因为君与臣之间，所追求的利益，所奔向的终点，并不一样。与其如此，又何必给后人留下一份如履薄冰的拘谨生活？

　　就像他所擅长的水利工程一样，他明白水滴石穿并不是因为力量，而在乎坚持。不断地改变和规划自我，或许在短期内并不如外力来得更有效果，然而，却能够持续不断地向着既定目标一路前行。对待楚国融入天下这个目标如此，对待绵延氏族，保护可贵的自由和尊严，亦如此。

　　没有什么智慧比能够确定未来更加玄妙，孙叔敖为官一生无私，与狐丘丈人陈论三利三害稳定政坛，兴修水利、改革吏治引导楚国走向中原，都是在为这片孕育了他的土地谋划未来。直到临死之时，这位贤者终于决定为自己的家族留下一笔财富。于是，堪破人心的楚相，在抛弃了君王丢来的甜美蛋糕的同时，也将帝王随着蛋糕一同甩来的枷锁与责任，一并踢开。

> 孙叔敖之知，知不以利为利矣。知以人之所恶为己之所喜，此有道者之所以异乎俗也。
>
> ——《吕氏春秋》

贤者就这样闭上了眼睛，却依旧眺望着未来。

言辞如剑，谈笑之间平天下——晏　婴

　　他是继管仲之后齐国的一代名相。机敏善辩，留下了"橘生淮南则为橘，橘生淮北则为枳"的外交典范。翻手为云，乡野间流传着二桃杀三士的传说。推崇顺应天时，宽仁待民的政治理念，却力谏齐王疏远孔子。以高超的语言艺术和敏锐的政治嗅觉，于内规劝君王，在外舌战群雄。矮小的肩膀，却担起了整个国家的荣耀。他，就是晏婴。

霸主怎么会败落至此？

公元前 645 年前后，齐国名相管仲与世长辞。不久之后，隰朋、鲍叔牙等名臣也相继溘然而逝。齐桓公当年与管仲立公子昭为太子，却没有想到，随着桓公垂暮，朝堂之上青黄不接，老年君王对国家的整体控制力也就急剧下降。在皇位和亲情面前，没有一个出身帝王家的皇子会难做抉择，在权力和欲望的诱惑之下，齐桓公五子再也不想保存那一张所谓亲情的面具了，无论是兄弟还是父亲，在那张金光闪闪的王座面前，都是苍白无力的。

公元前 643 年，公子无亏、公子昭、公子潘、公子元、公子商五人各率党羽，开始了长达数十天的夺嫡内斗。而一代霸主齐桓公，则在当年十月，病饿交困，惨死寝宫，身死难葬，"虫流出户"。

在齐桓公老年时期宠信的易牙、竖刁等人支持之下，公子无亏终于暂时占据了上风。可惜，不是源自正道得来的皇位自然也难以稳固。他的几位兄弟被迫逃离齐国，公子无亏却在三个月之内就被宋襄公支持的太子昭率兵围困。然而，并不是只有太子昭得到了其他诸侯的支援，当初流亡各国的几位皇子，纷纷带兵前来争夺。迫于压力，易牙、竖刁被杀，而太子昭也被击退。齐国就此陷入了严重的混乱。

公元前 642 年 5 月，宋襄公再次发兵协助太子昭回国争位，于甗（今山东济南附近）击败了原本就矛盾重重的各位皇子，登临帝位，史称齐孝公。

公元前 633 年，齐孝公去世，当年被击败的皇弟公子潘卷土重来，杀死齐孝公之子，称帝齐国，号为齐昭公。然而命运对于任何人都是公平的，万般因果，早有定数。当年杀死齐孝公之子夺位的齐昭公死后，他的弟弟公子商人杀死齐昭公之子公子舍，称齐懿公。四年后，骄奢淫逸、残暴贪婪的齐懿公被刺杀身亡。其子被废，公子元在卫国的支持之下，回到了齐国，称齐惠公。

至此，一连串的内乱和动荡让齐国早已经失去了领袖群雄的力量，齐惠公虽然终于如愿以偿地当上了齐王，但是兄弟残杀的血腥让他的余生也始终在痛苦和纠结中饱受折磨。公元前 599 年，齐惠公去世，其子无野继位，为齐顷公。

公元前 592 年，晋景公派身有残疾的名臣郤克到齐国参加盟会。郤克跛行，登台之时，齐顷公之母躲在帐幕之后观看并嘲笑出声。身为晋国军方重臣的郤克何曾受到过如此嘲笑，临离去时发誓："不报此辱，不渡黄河！"齐顷公根本就没有想到，随后不久的一场惨烈的战争，竟然是如此原因所导致的。

公元前 589 年，齐顷公率军南下，攻打鲁国龙邑（山东泰安东南），宠臣卢蒲轻敌冒进被俘，齐顷公亲自来到阵前许诺：对方释放卢蒲后就回师退兵。然而卢蒲却在城楼上被杀，齐顷公一怒之下，率部猛攻，三天三夜不曾停息，终于破城，报复屠城之后，继续南下。顷刻间，鲁国人人自危，亡国之祸就在眼前。鲁王立刻向晋、卫等国求援。之前出使齐国受辱的晋臣郤克，力主发兵痛击齐军，一雪前耻。然而晋王出于多方因素的考虑拒绝了。郤克又要求率领亲卫自行出战，晋王依旧不允。

> 春，晋侯使郤克徵会于齐。齐顷公帷妇人使观之。郤子登，妇人笑於房。献子怒，出而誓曰："所不此报，无能涉河！"献子先归，使栾京庐待命于齐，曰："不得齐事，无复命矣。"郤子至，请伐齐。晋侯弗许。请以其私属，又弗许。
>
> ——《左传》

齐国连续的军事胜利让晋国也感到了危险，重臣的仇恨令晋国朝堂一片混乱，此时，晋王终于下定决心，晋、鲁、卫三国联军奉命出征。在鞌（又称鞍，今济南长清），联军与齐军展开血战，齐军战败。齐顷公遭敌将韩阙一路追杀，大臣逢丑父使计，二人换衣，逢丑父佯装齐王，声称口渴，命齐顷公到华泉取水。齐顷公取水归来，逢丑父佯装嫌取来之水污浊，喝令重新取水，齐王借机再去，碰到了前来救援的齐军部队，方得逃脱。而被韩阙抓住的这个齐王，却被先前遭到嘲笑的郤克发现是假冒的，正准备杀死逢丑父的时候，这位忠贞老臣高喊一声："从来没有一个臣子用生命代替君王而死，现在有了一个，你准备杀掉吗？"这一声呐喊，竟然让郤克被仇恨冲击得几乎失去理智的头脑猛然清醒，于是，并没有杀掉这位老臣，心中的怨恨，也似乎淡了一些。然而，对一个敌国忠臣的尊敬并不能完全抚平郤克的怒火，想起当初在朝堂之上受到的羞辱，加上依旧没能抓住齐顷公当面报复，又让郤克刚刚有些暗淡的仇怨之火，升腾起来。

齐军纷纷四散。顷公绕华不注山而走。韩厥遥望金舆，尽力逐之。逢丑父顾邴夏曰："将军急急出国，以取救兵，某当代将军执辔。"

晋兵到者益多，围华不注山三匝。逢丑父谓顷公曰："事急矣！主公快将锦袍绣甲脱下，与臣穿之，假作主公。主公可穿臣之衣，执辔于旁，以误晋人之目。倘有不测，臣当以死代君，君可脱也。"顷公依其言。更换方毕，将及华泉，韩厥之车，已到马首。韩厥见锦袍绣甲，认是齐侯，遂手揽其绊马之索，再拜稽首曰："寡君不能辞鲁、卫之请，使群臣询其罪于上国。臣厥忝在戎行，愿御君侯，以辱临于敝邑！"

丑父诈称口渴不能答言，以瓢授齐侯曰："丑父可为我取饮。"齐侯下车，假作华泉取饮。水至，又嫌其浊，更取清者。齐侯遂绕山左而遁，恰遇齐将郑周父御副车而至，曰："邴夏已陷于晋军中矣！晋势浩大，惟此路兵稀，主公可急乘之！"乃以辔授齐侯，齐侯登车走脱。韩厥先遣人报入晋军曰："已得齐侯矣！"郤克大喜。及韩厥以丑父献，郤克见之曰："此非齐侯也！"叱左右："缚丑父去斩！"丑父大呼曰："晋军听吾一言，自今天有代其君任患者。丑父免君于患，今日戮矣！"郤克命解其缚，曰："人尽忠于君，我杀之不祥。"使后车载之。

——《东周列国志》

齐顷公回到军中，想起那位义无反顾替自己死的忠臣。这位齐国之王显然不是一个合格的铁血帝王，在如此危险的局势之下，他没有理智地选择避敌锋芒，拉长敌军战线以图机会。反而重整旗鼓，率领齐军，三次突击联军驻地，试图救回那位忠心的臣子。

然而仅凭着感情和血气之勇，定然难以抹平双方原本军队战斗力上的差距。占据上风的联军阵营固若金汤，齐军的冲击除了留下了遍地的尸体和鲜血之外，并没有实现自家君王的既定战略目的，连续的损失反而令齐军愈发虚弱了。

郤克统率联军伐齐报仇，也报了当年出使之时受到的侮辱。晋国之所以选择他作为主将，显然此人并不是一个被仇恨冲昏了头脑的热血匹夫。他与齐顷公明面上因出使受辱之事激于义愤，然而双方显然都明白这场战争何尝不是两国政治领域一次延伸交锋。齐国和晋国双方的利益自然在个人恩怨之上。打败了齐军，然后灭亡齐国的代价显然并不是晋国想要承担的。齐顷公虽然战败，但是此时的齐军退无可退，若是面对亡国一战，必将拼死反击。从外交和政治领域进行斡旋，谋求更多的好处，才是符合双方话语权者共同利益的最佳途径。

于是经过反复的协商和碰撞，晋国撤军，齐国也付出了相应的代价。各自回国，一方清点和分配战争果实，继续增强国力，以便于未来进一步谋取更多的利益；一方则需要舔砥伤口，休养生息，以图东山再起。

齐顷公兵败回国以后，终于收敛了不符合一国之君的冲动和幼稚。这场以无数子民生命和鲜血为代价的惨烈战争让他明白了自己当初的种种作为是多么失败。他的国家在战争的打击下千疮百孔，他的子民在烽烟中艰难挣扎。虽然作为一国之君，他自己并没有付出生命，但是战争已经足够让养尊处优的他狼狈不堪，品味痛苦。

回想当年，齐桓公与管仲等人统治下的齐国，九合诸侯，一匡天下，挟天子以令诸侯，军旗所指，天下响应，军刀所向，莫敢不从。然而现在，当年霸主地位所带来的荣耀和繁华，早已经随着不断的内忧外患，烟消云散，只剩下了唏嘘和回忆。

回国之后，齐顷公下令废弃猎苑，减轻赋敛，赈济孤寡，存问病残，输尽积蓄，救济百姓。对外，则与各路诸侯厚礼相待。至此，齐国退出了争霸的惨烈战场，为国内休养生息赢得了宝贵的喘息。

公元前581年，齐顷公带着悔恨和希望溘然长逝。其子环继位，号齐灵公。

齐国退出了争霸舞台之后，名臣上大夫晏弱逐步登上了历史的舞台，兢兢业业地辅佐着齐灵公，让齐国从战败的伤痛中渐渐恢复了一些元气。公元前567年，齐国发动了对莱国的灭国之战，在国君和晏弱等人的努力之下，击败莱国，为齐国重新积蓄力量、问鼎天下奠定了一定的基础。公元前556年，晏弱积劳成疾，撒手人寰，齐国则处在外有晋楚威胁、内有积弊未清的尴尬局面下。

此时，晏弱之子晏婴，终于登上了历史的舞台，开始了他力挽狂澜的恢弘征途。

哭祭君王只因为忠诚？

公元前555年，晋国再次发兵攻打齐国，齐军战败。齐灵公作为一国之君，却并没有当年他父亲齐顷公那般血战到底的勇气和冲动，但面对晋国的攻伐，齐国军民却有着原本就有的破釜沉舟的勇气和决心。晏婴也恰恰发现了这一点，并立刻进谏齐灵公，不要退却，军民的士气正佳。然而齐灵公却拒绝了晏婴的提议，逃回临淄。齐军则随着国君的逃避军心动摇，固守不出，晋国部队围困临淄，洗劫一番，席卷了足够的利益和财富之后，一把火焚烧了临淄外城，退兵了。

> 二十七年，晋使中行献子伐齐。齐师败，灵公走入临菑。晏婴止灵公，灵公弗从。曰："君亦无勇矣！"晋兵遂围临菑，临菑城守不敢出，晋焚郭中而去。

> ——《史记》

公元前554年，齐国再一次因为夺嫡之争爆发内乱，原本的太子光遭到排挤，被派遣至即墨，齐灵公宠姬所生的公子牙得到了这位迷糊父亲的认可，被立为太子。齐灵公病重期间，大夫崔杼、庆封等从即墨将太子光迎回，公子牙及其母亲则成为了这场政治斗争中的牺牲品。齐灵公闻变，吐血而亡，太子光即位，史称齐后庄公。

这位太子显然并不是一个合格的君王。登上王位之后，虽然表面听从了晏婴的劝告而承认了晋国盟主地位，但是依旧心怀鬼胎。公元前551年，齐后庄公不听晏婴劝阻，执意收留了晋国的下卿栾盈，以期利用其势力在晋国兴风作浪。不久之后，又暗中支持，将栾盈及其党徒送入晋国境内曲沃（今河南陕县南曲沃镇）组织叛乱，并乘机攻打晋国。

> 庄公三年，晋大夫栾盈奔齐，庄公厚客待之。晏婴、田文子谏，公弗听。

> ——《史记》

其后不久，又置晏婴的劝阻于不顾，仍然一意孤行，兴兵伐鲁。这一次，晏婴已经明白，这位齐后庄公的种种作为，必将给齐国带来一场浩劫。于是，晏婴将家财上交国库，辞官回到了东海之滨的小渔村，静观局势。

公元前 550 年，齐后庄公决定出兵攻打处于内乱的晋国。当初扶持齐后庄公登临君位的大臣崔杼也看出了此时出兵绝对不是一个好时机，虽然晋国内乱，但是一旦外敌入侵，反而成为了晋国统一战力、平定内乱的催化剂。一支即将战败的军队显然不能保护国家的利益，一个弱小甚至被毁灭的国家也当然不能实现国中臣子的野心。唯有一个强大的国家，它的权柄才具有意义，于是，崔杼也进谏劝阻，希望齐后庄公不要轻易开启战端。

然而这位长期被排挤的太子对于权力和荣耀的渴望显然更胜常人。一个长期缺失权力的太子若在各方势力的协助之下重新执掌乾坤，被压抑太久的欲望是无人可以劝阻的。齐后庄公很快回绝了这位当初帮助自己登上王位的大臣，并且下令，准备战争。

崔杼并不是什么效死忠良，当他的利益与国家重合的时候，自然尽心竭力，他的才华和力量也足以支撑君王的倚重。然而，当他的方向和国君背道而驰之后，这份才华和实力，却成了他实现自身想法的最有利支持。

齐后庄公除了喜欢暗中从别国占些便宜之外，连自己臣子的妻子似乎也很喜欢。凭借一国之君的身份，多次与崔杼之妻东郭姜通奸。每次通奸之后，还把崔杼的帽子丢出去调侃。到了如今这个地步，崔杼觉得并不需要再继续容忍这个自己扶持起来的淫乱君王了。于是，经过东郭姜和庄工内卫贾举的计划和策应，一代齐君，死在了一次偷情幽会中。

纵然晏婴并不赞同这位倒霉君王的执政理念和个人行为，但是他依旧忠心于齐国。于是在那个血腥的弑君之日过后，晏婴动身前往崔杼家中，伏在齐后庄公尸体上放声痛哭。崔杼虽然始终否认君王遇刺与他有关，但是明眼人自然都明白这桩大案到底是谁做的。此时，崔家已经成了齐国政治斗争最为凶险的所在。所有的崔氏党羽，都在磨刀霍霍，等待着家主一声令下，就要将这个扑在齐王尸体上嚎哭的老臣，送去与齐后庄公地下相见。

> 五月，莒子朝齐，齐以甲戌飨之。崔杼称病不视事。乙亥，公问崔杼病，遂从崔杼妻。崔杼妻入室，与崔杼自闭户不出，公拥柱而歌。宦者贾举遮公从官而入，闭门，崔杼之徒持兵从中起。公登台而请解，不许；请盟，不许；请自杀於庙，不许。皆曰："君之臣杼疾病，不能听命。近於公宫。陪臣争趣有淫者，不知二命。"
>
> 公逾墙，射中公股，公反坠，遂弑之。
>
> 晏婴立崔杼门外，曰："君为社稷死则死之，为社稷亡则亡之。若为己死己亡，非其私暱，谁敢任之！"门开而入，枕公尸而哭，三踊而出。人谓崔杼："必杀之。"崔杼曰："民之望也，舍之得民。"
>
> ——《史记》

没有人会在有生机的希望之下轻易选择拥抱死亡，并不是所有人都愿意因为一口气而从容赴死。所有的苦难和折磨，退让和隐忍，若能为将来争取到更加巨大的利益，那么一切都是值得的。晏婴明白唯有活着才有机会，也懂得死人不可能真正地实现理想。固然没有智者愿意身处险地、立于危墙之下。从来也不是高风险带来高回报，晏婴如此聪敏之人，显然不会看不出此时冲到崔家哭祭已死君王的行为，有着巨大的风险。然而他依旧选择如此。只是说明了一点，高风险要求高回报，所谓智者和赌徒之间，唯一的区别，就是智者清楚自己所冒的风险不会致命，所得的结果将会让自己满意罢了。

崔杼果然碍于晏婴的名望，没有下手杀害晏婴，反而一步步成为了这场政治漩涡中，第一个被晏婴丢上桌面的棋子。

晏婴看出了崔杼并不是打算完全毁灭齐国皇室，进一步取而代之。作为一名敢于刺杀君王的狂徒，崔杼的野心和凶狠令人侧目，然而，想要作为一名承载一国气运的君主，崔杼显然并没有那份担当和勇气。崔杼希望的，只是在一个能够遮风挡雨的保护伞之下，颐气指使地做一个横行霸道、无人忤逆的监国太岁罢了。

既然如此，一个强大到能够给予他更广阔空间和更丰厚利益的齐国，显然比一个自己劳心费力苦苦建立新帝国更加符合需求。一个国家自然并不能只有崔杼党羽这样只是对自己唯命是从却并无才华的杀手刺客。任何王国想要强大，都需要各种各样人才来支撑，自然也需要子民百姓的拥护。在崔杼看来，晏婴冲到他的家里哭祭齐王固然令他难堪，但是相对于这位智者本身所代表的价值和利益来说，还是值得容忍和利用的。

崔杼不杀晏婴并非源自仁慈，一个敢于向君王挥舞屠刀的狂徒不会是善男信女，唯有价值和利益才是他一切行为的风向标。晏婴哭祭齐后庄公行为本身，一方面向崔杼敲起了警钟，一方面，又何尝不是在试探崔杼，并准备利用崔杼？

一场惊心动魄的流血政变尘埃落定之后，凶狠的崔杼读懂了晏婴的哭祭，而晏婴也暗示了崔杼自己的底线。不久之后，在崔杼等各方势力的协调和扶持下，庄工之弟杵臼成为了齐国各方利益体选择的傀儡而登位，称齐景公。

对于晏婴等真正想要匡扶齐国皇族的臣子来说，他们手中的力量远远不足，在拥有私人武装和大批亡命门客的凶横恶臣压力之下，凭借自身的势力根本难以稳定和控制局势。单纯的退让和妥协，并不能让手握重兵、狼子野心的各方势力完全合作。而国家的稳定，却恰恰需要这些掌握了刀剑的凶徒。晏婴这一次冒着生命危险的哭祭，让崔杼等人明白，杀死君王虽然罪大恶极，但是显然比祸乱朝局，引发国家崩溃甚至毁灭的危害要小一些。但是并不是小一些的罪恶就可以纵容。双方可以继续共存甚至合作，但是类似于弑君这样的暴行，也是晏婴等人所反对的。

在事不可为之时，敲打一下掌握了力量的犯罪者，同时表明双方的立场并不是完全冲突，在一定的条件下，还有着斡旋和转变的机会和可能，才是晏婴此次重新复出、舍身哭祭的最终目的。并不是所有对抗都会以一方毁灭或者两败俱伤收场，一切合作和利用，也并不是一定会建立在完全的信任和感情之上。

朝堂之上，并无善恶，亦无对错。唯有利弊，方为准则。

如何给齐国带来转机？

齐景公就这样在一场血腥的政变之后成为了齐国名义上的执掌者。虽然各方势力并不一定都把他放在眼里，但是至少台面上的尊重和敬畏还是保持得很好。朝堂之上，虽然弥漫着诡异的气氛，但是却出现了难得的微妙平衡。齐国并没有因为齐后庄公遇刺身亡而再一次陷入旷日时久的毁灭性内战，当年齐桓公身死之后，五子夺嫡的皇权混战，也没有再次上演。

并不是狼子野心的大臣都是齐桓公时代才暴起发难，也不是崔杼等人安分守己，更不是晏婴一方智胜管鲍。只不过是因为，晏婴等人在此阶段，与崔杼等人的目标是相同的。一个暂时稳定而安全的齐国，才是双方都认可的角逐舞台。处于各自的利益需求，双方都酝酿着、计划着、眺望着、等待着另一场比弑君更加暴烈血腥的厮杀暗战。

景公登位之初，崔杼与齐国内另一方强大势力庆封，凭借着手中的武力，横行霸道。君王年幼，朝有狂徒，齐国政坛一片乌烟瘴气。晏婴等人也似乎不见了踪影，默默地等待着、观望着，任由这种混乱的局面持续着。而当双方发现，自己似乎除了王位上那个傀儡以及对方之外，已经没有什么对手的时候，一场争斗不可避免地开始了。因为，无论是崔杼还是庆封，他们都并不想完全推倒齐景公，进而承担一个国家的沉重负担。

令崔杼没有想到的是，他的两个儿子为了权力，争斗愈发激烈，还没等到他与庆封一方势力正式角力，自家继承人已经打得昏天黑地。虽然权力的滋味足以令兄弟反目，但是这其中，庆封积极运作、离间挑拨也起到了相当大的促进作用。仅仅在景公登上王位一年之后，崔杼两子崔成、崔强之间的争斗到了几乎失控的边缘。崔杼无奈，请庆封协助整顿。然而令崔杼没有想到的是，庆封竟然迅速派遣军队，将崔杼二子以及家族宗亲，杀戮殆尽。

失去了家人的崔杼心灰意冷，一蹶不振，不久之后，这位敢于将屠刀伸向一国之君的凶横狂徒，自杀身亡。

庆封独掌朝纲，晏婴等人依旧不动声色。失去了唯一对手的庆封放浪形骸，骄奢淫逸，甚至开始与下属的妻子私通。至此，庆封沉溺温柔乡里，醉生梦死。随后不久，将一切权柄丢给了其子庆舍。毫不费力就得到了一国权力的庆舍没有学会从腥风血雨的政治斗争中挣扎而出的父亲一样的狡诈与严谨，却继承了其父骄奢淫逸的享乐作风。公元前546年，庆封出巡，公孙灶与公孙虿协同陈无宇（妫姓田氏）攻杀庆舍，庆封听到消息，匆匆赶回，已无力回天。权倾朝野的一代齐相，流亡吴国。

至此，齐国政坛逐渐开始回归正轨，骄奢淫逸、横行霸道的凶狠狂徒接二连三地烟消云散。齐景公在各方忠臣的协助之下，终于开始逐步接手政务，饱受内乱困扰的齐国，渐渐得到了宝贵的喘息之机。然而，忠良之后并不见得一定是忠臣。前539年与前534年，公孙灶与公孙虿相继去世。公孙灶的儿子栾施与公孙虿的儿子高强共同执政，朝廷再次出现了臣强主弱的危险局面。前532年，陈无宇乘栾施、高强醉酒之时，联合鲍牵，率部讨伐，栾施、高强情急之下，打算挟持齐景公以博取机会，然而事败未遂，栾氏、高氏逃亡，田邑被田氏、鲍氏瓜分。此时，一直冷眼旁观的晏婴忽然出面，规劝陈无宇将缴获的财产、田邑上缴景公。自此，齐国皇族吕氏公族势力稍有增强，齐景公的亲政掌权也有了物质保障。

长达16年的内乱，虽然国内各方心怀不轨的势力被消灭平定，但也让齐国元气大伤。在晏婴等人一步步整肃朝堂的帮助之下，齐景公羽翼渐丰，终于走出了大臣专权的阴霾，亲理朝政。

并不是齐国的乱臣贼子层出不穷，也不是晏婴等忠良袖手旁观，明哲保身。只是因为齐国作为春秋时期首位霸主，积累了太多的财富和利益。各路诸侯绝非圣人，一个强大的齐国，显然不符合各方利益。所以齐国的内乱背后，有各方诸侯推波助澜的影子。混乱的齐国失去了守护财富的力量，而晏婴作为一名三朝元老，在内忧外患之下，作为文臣，绝难抵挡各方刀剑。于是在他的选择、默认和利用之下，齐国境内混乱的势力也成为了瓜分当年辉煌成果的内鬼。

　　然而晏婴依旧是忠诚于齐国的，他明白想要整顿和统筹全局，仅凭着自身力量远远不足。他必须要推动和利用各方势力，让他们在已经千疮百孔的齐国大地上，相互争斗，相互消耗进而逐渐巩固皇权，实现目标。

　　连年的混乱消磨了齐国积蓄的财富，也让新的齐国逐渐蜕掉了辉煌而沉重的过去。没有诸侯会对一个破败而贫困的齐国再感兴趣，然而他们却不知，一个曾经强大的齐国，如果能够将齐桓公时期历史遗留问题全部解决，再完成整合，依旧可以在很短时间内恢复元气，重新成为霸主的有力争夺者。

　　自齐桓公五子夺嫡的混乱闹剧开始，到后来数代君王昏聩，臣子作乱，其实与管鲍时期重"人治"而缺乏"体系"的治国方略有着密切关系。晏婴无力改变和否认一代名相管仲的政治理念，唯有逐渐调整，将国家机器的前进方向，拉回到更适用于眼前局面的轨道之上。

　　至此，齐国艰难而痛苦地蜕变着，这场浩劫，终于缓缓终结。现在，一个正在复苏的齐国，需要空间和时间，来舔砥伤口。

　　国家的强大自然离不开勇猛的武士。景公手下，有三位勇猛骄傲的将领，然而在很多时候，儒以文乱世，侠以武犯禁。三人的赫赫战功成了他们恃宠而骄的资本，眼看臣强主弱的局面又将再次萌芽，晏婴立刻设计，请齐王拿出两个桃子，赏给三人，巧妙地将"功劳能力最差者无桃"这个概念暗示给三人。纵横沙场、披坚执锐的三位勇士，又怎能看透晏婴的计谋，一时义愤冲动之下，三人互生怨怼，然而令晏婴和齐王没想到的是，此三人虽然粗鲁冲动，却自有义气。一人自杀之后，两人相继自尽。齐国虽然稳固了朝局，却也少了三位勇猛善战的大将。史称"二桃杀三士"。

公元前531年，晏婴出使楚国。楚王有心羞辱打压齐国，特意派人在城门边开了一个低矮的狗洞，并要晏婴从此处入城。晏婴来到形似狗洞一般的低矮城门前，反而将这个"狗洞"的概念轻描淡写地代换成了"出使狗国才走狗洞"。面对晏婴的反击，楚国君臣一阵语塞，只好请晏婴从正门进入。随后宴席之间，楚王又遣人带齐国犯人，称其有罪，结果晏婴以橘为例，提出了环境对百姓的品格产生影响这个概念，再次令楚国君臣无言以对。青史有传"橘生淮南则为橘，橘生淮北则为枳"。

既然双方都在试探，并没有撕破脸皮真刀真枪地血战一番，那么晏婴锋利的外交言辞就有了最大程度的发挥。通过机敏诡辩的语言艺术，晏婴为齐国争取了一个相对平稳的发展期。各路对齐国还怀有想法的诸侯发现一个滴水不漏、言辞犀利的外交使者，在自家朝堂上舌战群儒，无人能败，他们一方面叹服于晏婴的智慧，另一方面，对齐国的底细也越发摸不清了。同时，在这段宝贵的时间里，晏婴辅佐齐景公推行仁政，放利于民，任用贤良。竭尽全力，让齐国逐渐摆脱了常年内乱带来的沉重桎梏，再一次有了几分当年争霸天下的大国气象。

并不是晏婴的三言两语就抵挡住了天下群雄，只不过所有人都习惯性地认为，一个没有足够底气和力量支持的国家，其使者绝不敢太过争先。然而晏婴做得最成功的，并不是无数经典而犀利的外交辞令，而是在明知本国并没有足够强大的国力，却依旧保持着大国上位使臣的威严和勇气，进而令各国始终对齐国保持着克制。

为什么坚决反对孔子？

齐国休养生息，渐渐恢复了几分元气。此时，闻名后世的孔子来到了齐国，与齐景公大谈礼乐仁义、君臣礼制、贵族规矩。然而，晏婴却对此嗤之以鼻，并且特意向齐景公进谏，否认了孔子所推行的礼乐之制和为政之道，并且不遗余力地将孔子排挤出齐国的权力核心，表面看来，两人同是推行仁政治国，理念相通。但晏婴却坚持劝谏齐景公不重用孔子，这其中，到底有着什么样的恩怨？

并不是晏婴与孔子两人之间有着如何深重的私怨，也不是完完全全为了打压排挤潜在的政治对手。只不过是孔子所推行的礼乐仁政，并不适合当前的局势。曾经，管仲提出尊王攘夷，仁臣贤士，令齐国登上了春秋霸主的巅峰。然而随着管仲等名臣身死政熄，并且遗留下一个缺乏完整治国体系而导致霸业衰落的惨痛教训，已经证明了"人治"的重大缺陷。一旦手握重权的臣子缺乏自我约束，那么国家机器对于整个政治系统的掌控力就会严重下降。

而孔子游说齐景公，显然依旧是希望君王再次建立一个如此体系，而孔子自己也可以在这个体系中获得重要的地位。固然孔子本人贤良智慧，但是却会导致齐国再一次回到当初那个难以控制的局面。时间并不会因孔子贤良而给予他更长久的生命，一旦孔子的继任者不能良好地约束自我，那些看似严谨而高贵的礼制，反而将成为一个套在齐国身上难以负担的沉重枷锁。

孔子提出的理念，将阶级概念强行固化，将会进一步限制和阻塞整个国家不同阶级为国出力、改变自己命运的通道。繁复的礼仪也显然并不适合当今纷乱的局面。群狼环伺的危险环境之下，没有人会因为齐国的高贵礼仪而放下手中的屠刀，利益至上的思维模式，早已经取代了道德约束的治国理念。一支阶级分明、礼乐高雅的军队，在和平年代可以成为国家的荣耀，其高贵的风范也足以令人心悦诚服。然而在各方诸侯早已磨刀霍霍、杀气腾腾的虎狼之师面前，这样的力量显然难以生存。为了维持如此高贵礼仪和气度的费用，并不能转化为获得战争胜利的必然因素。

唯有利用一切可利用的，无论光明与黑暗。唯有控制一切可控制的，无论手段正义或邪恶。在孔子看来，意志应是阳光，实现意志的手段也应金光闪闪，雍容典雅。而在晏婴看来，意志亦为阳光，实现意志的手段应为刀枪，无论血迹斑斑还是刃如初雪。

基于此，两人的理念必将产生无比激烈的冲突，因为孔子所推崇的，恰恰是晏婴所唾弃的；晏婴所使用的，也何尝不是孔子所不齿的。两位同样希望将理想和信念播种开来的旷世贤者，就这样坚决而不可逆地站在了对立面之上。

并不是孔子的理念完全错误，也不是晏婴喜欢玩弄权谋。他们的出发点和最终目标实际上是一致的，只不过，在前进的路上，道不同，不相为谋。晏婴之所以排挤和否认孔子，是因为他明白，在道路的选择和前行过程中，任何可能会引偏这条路的行为，都需要被彻底消灭，一场征程，只应有一面旗帜、一个声音。

无论前行路上的意见是否正确而神圣，一旦这些因素会干扰和延缓这场征途到达最后的终点，那么就必须要采用光明的或者黑暗的、正义的或者邪恶的，一切可以起到作用的手段，而将之排除。接纳与宽容，兼收与并蓄，只能存在于有利于到达目的本身的基础之上。

当现在齐国需要光明的时候，那么晏婴就会让手段光明坦荡；当现在齐国需要鲜血的时候，那么晏婴就会让手段冷酷残忍；当齐国需要逞勇斗狠的时候，那么凶狠的狂徒也会得到应有的作用；当齐国需要华美雍容的风度时，玄妙高贵的礼乐，也会响彻齐鲁。

显然，孔子讨厌权谋，讨厌黑暗，讨厌阴谋。在他看来，让黑暗、权谋和杀戮彻底消失在这片天地间，才应是圣人所为。孔子虽然欣赏晏婴的才华和智慧，但是他唾弃和鄙视那些玩弄言辞和权柄的阴谋手段。殊不知，当每个人都有着足够的修养和自我约束之时，他的理念才具备价值，而在烽烟四起的乱世中，唯有血腥的杀戮和阴诡的权谋，才能平息纷争。

晏婴为了达到目的可以不择手段，孔子却不可以。然而齐国现在最为需要的，恰恰就是不断地达成一个又一个目标，并且尽量缩短达成目标的时间和路程。所以当晏婴面见齐景公，并劝谏他疏远孔子的时候，这位经历了太多人生坎坷的君王立刻就明白了晏婴和孔子对于国家的不同作用，这位君王显然明白利益至上，也当然分得清楚，哪一方能够在齐国复兴的征途中起到更大的作用。而且通过晏婴坚决的态度，他也立刻明白了，对于他和齐国来说，这显然是一个非此即彼的选择，不可能两者共存。

于是，孔子在这场与晏婴的士人交锋中，一败涂地，不但没能得到齐景公的认可和重用，反而连之后游说鲁国的计划，都受到了严重的干扰和影响。后世对孔子游说齐国而被晏婴否认，进而遭到君王的疏远，也有着尖锐的评价。

> 丞相史曰："晏子有言：'儒者华于言而寡于实，繁于乐而舒于民，久丧以害生，厚葬以伤业，礼烦而难行，道迁而难遵，称往古而訾当世，贱所见而贵所闻。'此人本枉，以己为式。此颜异所以诛黜，而狄山死于匈奴也。处其位而非其朝，生乎世而讪其上，终以被戮而丧其躯，此独谁为负其累而蒙其殃乎？"

> ——《盐铁论》

于是，当齐景公再一次召见晏婴，就孔子以及他的治国思想进行最后一次探讨之时，晏婴不但将孔子否认，也对孔子所代表的儒家思想，进行了一次从头到尾的批判。

> 夫儒者滑稽而不可轨法，倨傲自顺，不可以为下；崇丧遂哀，破产厚葬，不可以为俗；游说乞贷，不可以为国。自大贤之息，周室既衰，礼乐缺有间。今孔子盛容饰，繁登降之礼，趋详之节，累世不能殚其学，当年不能究其礼。君欲用之以移齐俗，非所以先细民也。

> ——《史记》

孔子在齐国的政治生命就此终结了。晏婴再一次巧妙地站在最大化国家利益的立场之上，将他前行路上最为难以对付的政敌彻底踢出了齐国的权力核心圈。齐景公纵然欣赏孔子，也不会下定决心，为了一个虚无缥缈的赏识，而切实损伤自身的利益。

晏婴的胜利并非因他的才能和智慧完全超越了孔子，也不是孔子提出的所有思想和理念完全相悖于时代，只不过孔子没有看清，自己想要得到的事物，已经和自己所游说国家的根本利益产生了冲突。晏婴只不过在孔子跌倒的过程中，坚决而用力地推了一把。

孔子最早打动齐景公的君臣阶级论，固然让这位对权力和自身地位有着极强掌控欲的帝王产生了浓厚的兴趣。然而他却没有注意到，如果没有一个平稳的根基，即便齐景公重用并接受了他，齐国这艘饱经风雨的巨舰，也无法按照他的思维乘风破浪，最后必将一步步走向衰败。到了那时，覆巢之下，焉有完卵？

作为广有贤名的圣人，孔子或许可以从齐国失败的废墟中从容起身，甚至还有可能一尘不染地继续前行，寻找新的靠山和为他提供实现理想的平台，但是晏婴和齐国王室，则不会再拥有涅槃重生的机会。如此一来，晏婴对孔子的否认甚至排挤，完全就是一场捍卫生存机会的、没有硝烟却险恶异常的殊死之战。

所有的人都有自己的理想，也都拥有为了实现理想去努力的权利。然而，当个人的理想需要以损害甚至牺牲别人的利益加以实现的时候，争斗就拉开了大幕。当然，权臣的权谋之术，小人的私欲之利，将这一状态演绎到极致。所谓惠人达己，守正出奇。现在看来，晏婴在推销自己思想上遇到的阻力恰恰是孔子宣传自己思想的历程，反之亦然。

看破盈亏，宠辱浮沉随心定——范　蠡

出身贫贱却博学多才，与楚国名士文种相交甚深，因仕途不顺，与文种共投越国。勾践战败后，自请与君同入吴国为奴。回国后，定下破吴九策，留下了西施的美丽传说与卧薪尝胆的激昂精神。功成名就之时，一封书信劝告文种，却引发君臣猜忌反目。辞官不做，游历天下，后迁居定陶。自命"陶朱公"。三散家财三聚千金，被后世尊称为"商圣"。他，就是范蠡。

吴越的恩怨到底是从何而来？

　　春秋乱世，狼烟四起，周天子的控制力已经日渐式微。各方诸侯为了能够在这乱世中拥有更好的未来，旷日持久地进行着各种各样的明争暗斗。每一个胸怀大志的诸侯都明白，想要在这个可怕的乱世中活下去，就必须尽可能地削弱甚至毁灭一切对手。这片看似广袤无比、繁华富饶的大地上，最终只能有一个主人。

　　周王朝显然曾经是天下共主，然而祖上留下的财富在不断地挥霍和浪费中早已见了底。曾经尊贵雍容的朝服，早已蒙上了难以扫去的灰尘。这灰尘很重，因为其中蕴含着时光与命运的力量。曾经威震天下、号令群雄的地位，也随着周王族军事力量的不断衰弱，如云烟般悄然消散了。曾经的臣下开始厌倦年年纳贡的烦恼生活，逐渐强盛的军力也给了诸侯们觊觎王座的信心。

　　就像西周王朝经历了多年方才崩溃，东周虽然摇摇欲坠却依旧还是名义上的天下共主。一个王朝的彻底毁灭除了需要漫长的时间之外，也需要无数鲜血为之祭奠。所以，一个新时代的建立也必然无法因为一两位天纵奇才就定鼎乾坤。所有对这个天下怀有野心的诸侯们也明白，想要成为这片土地上唯一的主人，绝不是一朝一夕可以实现的。

各路诸侯不断地积蓄着自己的力量，不断地蚕食和削弱打压一切对手。在这个混乱的时代中，多方博弈显然不会仅仅流于表面。亲自拿起刀枪，纵横攻伐固然可以实现目的，借势利用同样也是获得国家利益的重要途径。

公元前 585 年，楚国越来越强大的实力让江北中原各国如坐针毡。但是，如果倾尽自家兵士，兴兵讨伐一个拥地千里、带甲百万的凶狠楚国，显然没有一家诸侯是愿意轻易去做的。无论强大或弱小，一旦与楚国真正开战，对于任何一个中原诸侯来说，都是沉重无比的负担和无与伦比的巨大风险。此时，地位受到楚国崛起动摇最大的中原大国——晋国，下定决心，开始支持紧邻楚地的吴国，以驱狼吞虎之法，不断消耗和攻伐楚国。纵然吴王寿梦明知晋国支持的背后，是一场以吴人性命为筹码的豪赌，但作为一个小国，如果不就此一搏，又何谈未来？

明知自己的国度成为了大国之间争斗的棋子，吴国也别无选择，"无岁不有吴师"的频繁骚扰大大牵制了楚国前进的步伐，不胜其烦的楚国在北方中原各国的牵制之下，根本抽不出足够的力量一举剿灭吴国，而吴国反而在各方明里暗里的支持之下，逐渐崛起，成为了遏制楚国的强大势力。

在前有北方诸侯牵制，后有吴国不断侵扰的不利局势下，楚国终于决定采取和中原诸侯一样的手段。楚国一方面集中力量抵御北方各国的压迫渗透；一方面，整合资源，开始支持与吴国接壤的越国。就此，吴越争霸的序幕，缓缓拉开。

公元前 515 年，楚平王驾崩，楚国动荡。寿梦之孙吴王僚兴兵伐楚，遣同母弟公子掩余、公子烛庸率军包围楚国的六、潜二邑，派季札出使晋国，暗中监视北方各路诸侯。然而楚兵坚守不出，同时国内各路军马迅速集结，切断吴军后路，吴军被困，难以撤回。没能继承王位的长兄吴公子光显然不像他的父辈那般在皇权面前依旧能够坚持亲情。于是招刺客专诸，陈说厉害，并且表示，吴国在昏庸好战的弟弟掌控下，必将灭亡，而他自己才是能够真正带领吴国走上巅峰的一代圣君。专诸被其打动，受命前去刺杀吴王僚。

同年四月丙子日，公子光伏甲兵于暗室，宴请兄弟吴王僚。吴王僚似乎感觉到了危险。在大批卫队的层层保护之下，前往赴宴。自王宫至坐席，尽是信臣精卒。待到开席，公子光托辞脚疾，进入暗室，专诸藏匕首于鱼腹，伪作呈献。捧鱼靠近的专诸，以极快的速度自鱼腹中取出匕首，猛刺吴王僚，僚当场毙命，年三十八岁。史称"专诸刺王僚"。而这把杀死了吴王僚的匕首，即为传奇名刃——鱼肠剑。

专诸随后被吴王僚左右卫士剑刺而死，暗室所埋伏的甲兵一拥而出，将吴王僚所带亲信诛杀殆尽。至此，公子光取吴王僚之位而代之，史称吴王阖闾。登位之后，立刻封专诸之子为上卿。

> 四月丙子，光具酒请王僚。酒既酣，公子光佯为足疾，入窟室中，使专诸置匕首鱼炙之腹中而进之。既至王前，专诸擘鱼，因以匕首刺王僚，王僚立死。左右亦杀专诸，王人扰乱。公子光出其伏甲以攻王僚之徒，尽灭之，遂自立为王，是为阖闾。阖闾乃封专诸之子以为上卿。
>
> ——《史记》

阖闾称王之后，整顿吏治，积蓄力量。公元前514年，启用楚国逃亡名将伍子胥。公元前 512 年，伍子胥引荐孙武，阖闾开始大刀阔斧地改革军队体系，令吴军的战斗力越发强劲。当具备了足够力量之后，这位雄心壮志的君王自然想要获得足以匹配其实力的地位。当年被困楚国后投降而流亡的吴王僚两位兄弟，就成了阖闾宣泄欲望的出口。这位有着足够智谋和勇气，敢于弑兄登位的帝王，当然深谙斩草除根的道理。流亡在外的两位公子，虽然已经没有再度威胁自身皇权的资本了，但是以追责其背叛国家的名义令其回国受罚显然名正言顺。当然阖闾知道，接纳了两位吴国公子的徐国（今安徽泗县附近）和钟吾国（今江苏宿迁、新沂附近），无论是出于原本的亲属关系，还是出于国家之间相互制衡的考虑，以及背后楚国对两国的暗中支持和授意，都不会答应吴国的这个要求。所以，对于吴王阖闾来说，这个要求，无非是以皇权内务为名，试探和扩张的一个借口罢了。

两位公子虽然身份特殊，但是显然也绝难以达到足够引发强烈外交碰撞的程度。然而，公元前 512 年夏，吴国以极高规格派遣使臣，辞令严苛地责令徐国和钟吾国交还领兵在外的公子掩余和公子烛庸。

得到了楚国支持和授意的两国显然没有把吴国这个新崛起的豪强放在心上。非但没有答应吴国的外交要求，反而变本加厉地支持两位流亡公子破坏和影响吴国政权。经过孙武和伍子胥等名臣训练和整合过的吴国军队，似乎也嗅到了战争的气息，厉兵秣马、整装待发。

得知要求被拒绝的阖闾勃然大怒，下令吴军即刻进发，讨伐徐国。原本指望这时候楚国能够撑腰的徐国忽然发现，当吴军兵临城下之时，答应支持的楚国忽然不再帮忙。至此，徐国才明白，作为弱小者，在强国之间的博弈中，自己是最先被丢掉的一枚棋子。

灭亡徐国之后的吴军士气高昂，大有几分向楚国蠢蠢欲动之势。领兵大将伍子胥更是与楚王有着杀父之仇。楚国正处于北方诸国的明枪暗箭干扰下，显然并不打算与吴国这个野心勃勃却又实力强劲的敌人轻启战端。吴国灭徐之战，楚国出于对本国利益的衡量，已经尽量收缩忍让，但是没想到，伍子胥等人率领的吴军，依旧咄咄逼人，颇有些按捺不住的意味。

楚国的退让和虚弱让吴军摩拳擦掌，身负杀父之仇的伍子胥更是向阖闾表明了自己希望率军攻打楚国的强烈意愿。通过灭徐之战，阖闾试探出了江北诸侯对于南部局势的态度，也发现了看似强大的楚国其实很虚弱。吴国的崛起，已势不可挡，雄心壮志的阖闾似乎看到了争霸天下的曙光。而楚国扶持的越国，却始终紧锣密鼓地发展着，积蓄着力量，等待着机会。这个同样具备着野心和欲望的国家，将自己掩藏得很好，无论楚国还是吴国，都在战战兢兢、小心谨慎地等待着一场事关两国未来命运的豪赌，而有意无意地忽视了这个如同一条冬眠毒蛇一般蛰伏的"小邻居"。

经过不断地试探、斡旋、平衡各方势力，吴楚两国似乎都已经嗅到了惨烈的战争气息。吴国一方，无论是出于国家重臣伍子胥的私人仇怨，还是君王阖闾的勃勃野心，楚国都是横在吴国面前的一只拦路猛虎。与其继续不疼不痒地试探下去，不如索性一不做，二不休。而楚国一方，虽然已经感觉到了吴军的冰冷杀机和战斗欲望，却始终并没有完完全全地制定出一个可行的战略规划，将吴楚问题彻底解决。不断的摩擦和争端并未随着时间的流逝而淡化，反而愈演愈烈，令楚国君臣上下颇为不安。

吴国逐渐消化着剿灭徐国和钟吾国的胜利果实，同时，按照伍子胥和孙武等人的计策，将士气正旺的吴军部队调整为三支，开始了长达六年的对楚袭扰战。吴军三支部队，轮番发动攻击，而兵力上处于优势的楚军大部，却有着一个致命的弱点——机动不足。一旦吴军发现楚国主力部队前来迎击，就迅速撤离，而当楚军无功而返之后，又再次突袭。虽然兵力远不及楚军，但吴军的军事素质，却因孙武、伍子胥等人的调教而远胜敌人。三支吴军就在边境上形成了轮番骚扰挑衅，却始终没有落入楚军合围的糟糕局面。

在吴国长达六年的不断骚扰之下，楚国不胜其烦，人困马乏，士气低落。频繁而令人头疼的骚扰战令楚国主力始终难以获得正常的休整。始终绷紧的神经除了让军人处于压抑的精神状态下之外，也令楚国部队缺乏系统训练、轮换及素质低下的缺陷暴露无遗。

公元前507年，楚国属国中的蔡国、唐国得到了北方诸侯的暗中支持和授意，其国君蔡昭侯、唐成公决议反抗楚国，宣布就此与楚国断交，与晋、吴结盟。从此，楚国北方失去屏障，直面中原各国的强大压力，楚军迫不得已之下，在楚地西部边境和北部防线之间频繁调动卫戍，疲于奔命，战力锐减。

公元前506年，在蔡国提请之下，以晋、齐、鲁、宋等为首的十八国诸侯会盟郾城，共商伐楚。同年农历四月，晋国授意蔡国，出兵攻灭楚之附庸沈国。面对北方中原诸侯不断变本加厉的压迫和攻伐，楚国终于下定决心拼力一战。同年秋，楚国发兵，由令尹子常率领大军，猛攻蔡国。

吴国君臣上下一直等待的攻楚良机已至，阖闾决定以救蔡为名，举全国之力伐楚。吴王亲自挂帅，以孙武、伍子胥为大将，以胞弟夫概为先锋，倾全国三万水陆之师，乘战船，由淮河溯水而上，直趋蔡境。子常见吴军来势凶猛，放弃对蔡围攻，回师防御本土。吴、蔡两军会师不久，唐国部队也恰好赶至。吴、蔡、唐三国组成联军，逆淮水西进。兵至淮汭（今河南潢川，一说今安徽凤台），孙武突然下令，舍舟登陆，大军调转方向，由西向南进发。伍子胥对孙武之计不解，曾问："吴善水战，缘何弃舟向陆？"孙武则答："兵贵神速，自应出其不意，攻其不备。逆水行舟，兵行缓慢，延误战机，楚军必成固守之势，吴军势虽猛锐却乏后力，久攻不下，楚国势大，则此战必败。"

于是，孙武挑选三千余名精卒为前锋，在极短的时间内，连续突破楚国北部大隧、直辕、冥阨三关险隘（今河南信阳南部与湖北随州北部交界区域），沿汉水，突入楚国腹地，控制汉水东岸，兵锋直指楚都郢城，完成了令各路诸侯为之震惊的战略奇袭。

面对巨大的危机，楚国左司马沈尹戌挺身而出，为稳定局面，他分析了吴楚两国各自弊端，并劝楚昭王号召各地勤王之师加紧集结坚守，自己则亲率一部，迂回吴军后路，以楚国雄厚的兵力完成对吴军的包围歼灭。起初，楚昭王依计而行，在柏举（湖北省麻城，一说湖北汉川）与吴军对峙。然而局面稍稍稳定之后，楚将武城黑、大夫史皇等托庇于令尹子常的势力，开始劝导令尹改变战略，主动接战吴军，用以争功。结果，子常率部出击，意图提前与吴军决战。

然而，军心动摇、战力不稳的楚国主力部队三战三败，一溃千里。追击中，子常弃军出逃，史黄战死，而率部疾驰赶回、试图挽回溃败局势的左司马沈尹戍被孙武率领的吴军主力包围，冲杀未成，身受重伤之后，举剑自杀。

楚军溃败，楚昭王携亲信一路西逃，公元前 506 年农历十一月二十九日，吴军攻破郢都，伍子胥纵军屠城，并寻杀父仇人楚平王之墓，掘坟开棺，鞭尸三百。

楚臣申包胥逃至秦国，于秦王殿前，彻夜痛苦恳求，哀声七日七夜不止。出于对秦国未来发展局势利益的考量和对申包胥的欣赏，秦哀公终于决定出兵援楚，五百乘兵车组成的秦军，开始向楚地进发。

就在吴国即将实现数代人将要完成的理想时，吴军内部却出现了致命的分裂。无论在什么时代，从来皆是可共打天下而难共守天下，原本是出生入死的袍泽，面对巨大的权力与利益之诱惑，终于也成了鱼死网破的仇敌。

在吴军大破楚军、伍子胥报仇雪恨之际，秦国援军抵达，与吴军小规模试探接战，双方互有胜负。然而，令所有诸侯都没有想到的一件事发生了：即便楚国面临亡国危机也按兵不动一直蛰伏的越国，突然发难，猛攻吴国本土。

两面夹击之下，吴军奋力抵抗，但先锋大将夫概，却悄然率部撤回吴国，自立为王。迫不得已之下，阖闾只得率军败退，回国平叛。至此，吴国几代人为之努力的，一举吞并楚国、争霸天下的梦想，就在越国的这次突袭中，破灭了。

率领部队回国平叛的阖闾迅速击败夫概，不久之后，下令伐越，吴越两军在槜李（今浙江嘉兴西）展开大战，越王勾践采用死士突击、囚徒自刎阵前等狠厉手段，出奇制胜，击败吴军，重伤阖闾。

吴军后撤仅七里，阖闾伤重不治，临终之际，告其子夫差，莫忘袭国杀父之仇！

靠什么让勾践对他言听计从？

吴军虽然在橇李之战被击败，国君战死，但是此时，其子夫差羽翼已成，国内形势总体依旧稳定。伍子胥等名臣勤勤恳恳，吴军依旧保持着超过越国的强劲战力。阖闾饮恨而死，激励着夫差励精图治。公元前494年，吴国不断膨胀的实力让勾践如芒在背。而吴国准备兴兵讨伐越国的消息也传到了勾践耳中。

越王勾践自然明白，本国的那一次偷袭，已经给吴国带去了惨痛的损失，数代吴人为之奋斗的梦想被自己无情地击碎。随后的橇李之战中，吴国开疆拓土的一代明君阖闾，也伤重而死。这份血仇，唯有一方鲜血流尽，方能洗刷。

几经思量之后，勾践决定不再继续被动地等待着吴军大兵压境。而此时，范蠡和文种却已经隐隐发现，吴越两军，在战斗素养和实力上，依然还存在着差距，而且当年击败吴军，只是出奇制胜，极难有再次复制的可能。于是两人进言劝告，希望勾践能够率领越军据险而守，等待更好的时机。

范蠡和文种并没有完全得到勾践的信任和认可，越军依旧拔营出战。果然，先发制人的越国部队并没有继续上演奇迹，反而在夫椒（今江苏太湖洞庭山附近）遭到了吴军的迎头痛击，损失惨重。越国残部一路败退，撤回首都会稽。然而对越国有着强烈仇恨的吴王夫差率兵紧追不舍，复仇的烈焰烧红了江南的天空。

会稽在吴国大军的围困猛攻之下很快失守，五千余越军残部保护着越国王族突围而去，撤退到城北会稽山上，休整死守。史称"夫椒之战"。

吴国以一场酣畅淋漓的大战一雪前耻，无数越国子民在吴军的铁蹄之下辗转哀嚎。鲜血让江南水乡的上空，也弥漫着一片片猩红的薄雾。会稽山上，越王勾践对先前的决策懊悔不已，惨痛的失败和即将到来的亡国之痛，让这位野心勃勃的君王沉默不语。此时，越王帐下，文种和范蠡并没有逃跑，依旧陪伴着他。但是，似乎这场战争的结局和越国覆灭的命运，根本不可能因为两个忠心耿耿的臣子和帐外伤痕累累的五千余残兵而改变。

范蠡、文种再一次谏言，劝告勾践暂息刀兵，委屈求和，保存一线生机。已经付出了足够代价的勾践此时才明白，范蠡等人之前对两国实力的分析是客观而且准确的。于是，勾践派出使者，前往吴王夫差处，请求罢兵。

然而吴王夫差也明白，如果就此答应越国的求和，显然并没有实现报仇雪恨的目的。作为临近的两国，谁也不希望身边始终埋伏着一条时刻有可能反噬的毒蛇。而且伍子胥也极力劝说，要吴王就此斩草除根。于是，勾践的求和遭到了夫差的拒绝。

没有完成外交使命的越国使臣灰溜溜地回到会稽山，向勾践报告了吴国毫不留情的拒绝态度。勾践有些绝望了，他决定自己动手斩杀亲眷，焚烧宝物，然后拼死一战。虽然他也清楚，这拼死一战，最终被拼死的只会是自己，但是此时的越王似乎还有着一股源自帝王尊严而激发的血气之勇。

此时的范蠡再一次站了出来，他制止了勾践杀妻焚宝、决死一搏的行为。再一次提出谏言，要勾践彻底放弃作为帝王的尊严和荣耀，忍受耻辱，忍受侮蔑，只求吴国放出一线生机。并且提出，请越王用重宝财富，贿赂吴王身边近臣，离间伍子胥为首的军方势力和以太宰伯嚭为首的政方势力。伯嚭果然收下了越国送来的重礼，而且，担心自己地位动摇的伯嚭在劝告吴王接受越国投降的同时，还进谗言污蔑伍子胥心怀反意。

击败了越国，实力大涨的夫差正是意得志满之时，况且伯嚭提出的接受越国投降、节省兵力北上争霸的思路也充满了诱惑。而越王竟然也答应了像奴仆一般到自己身边服侍，也令他颇有些另类的报仇快感，有什么比奴役侮辱自己的杀父仇人更令人快乐的事呢？不杀勾践，却令他为奴而折辱，显然比给他一刀更加解气。

北方的局势也令夫差有些蠢蠢欲动，而伍子胥越来越大的权柄也令吴王有些放心不下了。伯嚭的嫉妒之言，他并非完全没有听出来，但是他依旧决定，是时候处理一下手握重兵的军方权臣了。楚国已经一蹶不振，越国也俯首称臣，凭借着现在强大的国力，似乎已经不再那么需要伍子胥了。至少，伍子胥带来的对于皇权的威胁，已经超过了他领兵治军所能带来的价值了。

于是，勾践的为奴求和被答应了，而伍子胥却在本国文官和君王的猜忌之下，越发被排挤，也为他日后得到吴王夫差赐下的宝剑，挥刃自尽的结局埋下了伏笔。

不久之后，勾践应约，前往吴国为奴。临行之时，范蠡再一次提出了建议，原本打算随行的文种被他否定了，他和勾践一起，开始了前往吴国的为奴生涯。

勾践身入吴国，饱受折辱，却始终坚忍着，压抑着，并且对夫差言听计从，丝毫不露一点反意。他住在了阖闾墓旁的一个破旧的草屋，给夫差养马坠镫，完全是一副为了活命卑躬屈膝、任凭羞辱的唯唯诺诺模样。甚至夫差前来招降范蠡之时，也默不作声，而范蠡也巧妙地回绝了吴王的招揽，并且摆出了一副低声下气、心灰意懒的赎罪姿态。

并不是勾践真的就此愿意完全听从范蠡的意见，也不是范蠡随行为奴的行为感动了这个曾经刚愎自用的越王。而是在此时，范蠡成功地通过利益权衡，让曾经的越王从一个高贵的君主，蜕变成为了一个为达目的不择手段的枭雄。

勾践的愿望已经不再是偏安一隅的小小越王了，通过这次惨痛的教训，他明白了这个世界上应追求的最强大力量到底是什么。一切的隐忍和苦难，都是将来能够厚积薄发而积蓄力量。而此时范蠡所提出的一切意见和计策，都是实现这个宏大目标的手段而已。至于这手段是不是足够保留尊严，是不是将来会被人鄙视，他已经完全不在意了。所谓的名声和尊严，都将由胜利者来书写。没有什么比活下去更重要了，至于越王这个尊贵的名头，甚至还不如让夫差更看不起自己，给自己更多的折辱来得再重要一点。

所谓堂堂正正，所谓帝王尊严，所谓宁为玉碎，所谓的一切，都不是与自己利益完全切实相关的。为了保留帝王尊严而战死，怎么会比得上将来复仇之后，将吴国乃至天下都控制在手掌中，更有价值呢？对于勾践来说，范蠡的一切建议，都是拉近自己与这个目标的助力。所以，勾践选择了完全听从范蠡的一切建议。于是，哪怕夫差提出更加过分的要求，只要范蠡认为这对于越国未来的光复有利，勾践都会立刻答应下来，努力去做，去当好一个卑躬屈膝的奴隶。

范蠡能够让勾践完全听从谏言，所靠的只不过是勾践自己的欲望和野心罢了。

西施在他的眼里到底算什么？

经过数年的为奴生涯，夫差对这个曾经的杀父仇人也越来越失去警惕了。三年过后的一天，夫差染病，而早已看出了这次疾病非常普通，不久即将自愈的范蠡再一次给勾践献计：要他装作懂得偏门医术，并且去品尝夫差的粪便来为吴王诊断。

勾践毫不犹豫地照做了。吴宫深深，一个行色匆匆、看上去忧心忡忡的马大诚心实意地恳求着，告知宫廷守卫，自己可以诊断大王的疾病。于是勾践得到了入宫的机会，然后，这个曾经的王者，做出了一件惊世骇俗的举动：他将夫差的粪便，放在嘴里尝了尝。

看起来，这个低眉顺眼的人，就像一个真正的奴隶一样。一个真正没有了欲望和野心，只希望能够屈辱地活下去的卑贱下人。

不久之后，吴王夫差原本就并不严重的疾病，即便没有什么特别的治疗方法和灵丹妙药，也能够凭借自己多年军旅锻炼出来的强劲的体魄而自然痊愈。对于勾践这一次的做法，夫差很满意，一个为了活命和取悦自己，甚至亲口尝了自己粪便的亡国之君，早已经不是自己同等级别的对手了，甚至对于夫差来说，这个敢于做如此恶心事情的奴隶，会成为自己的威胁这种想法，都已经没有了。至少，他觉得如果换做了自己，应是宁死也不会做如此下作而屈辱的行为。而自己，不恰恰正是一个伟大的合格君王吗？勾践，应该再也不配成为一个国王了。

在文种等越国臣子坚持不懈地行贿和努力之下，吴国朝堂之上的一些官员也有意无意地开始帮勾践开脱。于是，在勾践尝粪事件发生不久之后，吴王夫差在与各方朝臣商议下，决定放勾践回国，让勾践安心做一个年年纳贡、岁岁称臣的附庸国傀儡。

勾践、范蠡回国之后，每年选出国内的能工巧匠，定期送给吴王，建造宫殿，极致享乐。而送上的不光是工匠，还有足够晃花人眼的真金白银、珠宝礼物。并且遍访民间，选出了两位绝色女子，进献给夫差。这两个绝色女子其中的一个，就是后来名传千古的四大美女之首——西施。

一个在村中浣纱的少女，被范蠡、勾践选中之后，就此开始背负动摇吴国、光复越国的重任。三年时间，西施一直在学习舞蹈和宫廷礼仪，终于，成为了一位仪态万千、足以令任何君王无法自拔的绝美女子。同样，选中了她的范蠡，也在后世中留下了很多美好的传说和故事。

然而，真正的西施，在范蠡眼中，何尝不是一个被物化的筹码。范蠡能够为了勾践复国，将一个充满了锐气的强硬君王，规劝成一个可以为了达到目的毫无底线的枭雄，在他的心里，似乎根本就没有过对错，只存在利弊。一个绝美的女子，在范蠡心上，或许只存在着男性最原始的，对于美好事物的欣赏而已。

对于越国，西施是一个背负了政治目的的间谍，对于吴国，这是越国表达孝敬的一份大礼，那么对于范蠡来说，西施到底应该算是什么呢？

绝无关乎情，只关乎利。就像后世对范蠡的赞美一样，这个"商圣"具有着绝强的经营头脑，一切都是可以用来交换的商品，包括他自己，亦是如此。陪伴勾践入吴为奴，看似只有折辱，实际上，这其中何尝没有潜藏着巨大的生命危险？当他劝告勾践，将文种留在国中，自己亲身赴险的时候，也不正是将自己丢上交易场的一次赌博？

人们对于美好事物总是充满了欣赏与喜爱，尤其是美丽的弱女子，更是最大限度地激发了士子们出自雄性最原始的保护欲。当所有人都希望这个可怜的女子能够拥有一个妥善的命运之时，范蠡携西子泛舟江湖而去的美好传说就应运而生了。然而范蠡本身所需要的，并不是一个美若天仙的红颜知己，而是一种绝对的自由而已。他所做的一切，都是在为追求这个目标而努力，即便身陷囹圄，即便为奴受辱，在他看来，都是实现目标的手段和过程罢了。

这样一个能够为了达到目的而赌上一切的范蠡，显然绝对难以被美色所羁绊。他的世界里，所有人都是可以平衡盈亏的商品和筹码。无论西施，还是勾践，甚至吴王夫差与好友文种，都在范蠡心中的算盘中上下跃动着，演绎着他们自认为满意的人生，却没有注意到，范蠡早已将他们的一切，掌控自如。

所以，西施在范蠡的眼中，应该只是一件品质精美的商品吧。即便这件商品美得令人无法自拔，然而对于范蠡来说，一个以绝对自由为最终目标的智者，又怎么会对一件商品动情呢？

并非是无情，只不过在追求自我的过程中，所有的情感都在为自己让路，一个足以在强大的国家机器之间翻手为云、覆手为雨的独行者，他永远都不会相信任何人，也不会爱任何人，因为，他一定只是最爱自己的。他的这份热爱自己的感情，无比炽烈，足以将一切有可能影响到自己的事物，化为灰烬。

范蠡一生都在追寻着道家所提出的绝对自由，在他的算计之中，无论是作为一个到亡国之君身边来共同谢罪的败军之将，还是日后成为了天下霸主的座上宾，甚至抛却了功名，远遁江湖，乐此不疲地经营商贾，都是他不停地在出世和入世的边缘上，肆意地舞蹈。他所渴望的，没有任何人可以给予，唯有自己，凭借着才华和智慧，不断地让功名利禄萦绕身边，却始终没有为其所困。而这些旁人眼中的名利，并没有成为他享受自由的枷锁，反而成了他畅快淋漓的人生的最好舞台。

并非没有人看透范蠡，只不过看透范蠡的人又何尝没有被某些因素束缚，他们赞美范蠡，诋毁范蠡，评价范蠡，却都依旧在这个算尽了天道盈亏的智者手中，涨着，落着，就像一件比西施更好，或者比西施更坏的商品，给自己贴上了价值的标签与枷锁。而范蠡，却始终笑眯眯地，摆弄着命运与天道的轮盘，在每一场交易中，拨动盈亏。

一封书信就能导致君臣反目？

对越国彻底放下心来的吴王夫差在西施的陪伴下，享受着作为胜利者的犒赏。每过一段时间，就会有一批越国的能工巧匠被当做贡品送来，满足着夫差对于物质生活的极致享受。在姑苏，夫差大兴土木，建造了春宵宫，挖大池，设青龙舟，与西施戏水为乐。不久，再修馆娃宫、灵馆，并取数百大缸为基，上铺良木，由西施穿木屐佩铃起舞。环佩声响，回荡九霄，美景美人，令人沉醉。

公元前486年，卧薪尝胆、养精蓄锐的越王勾践计划着兴兵伐吴，范蠡再一次以时机不当劝阻了他。公元前484年，吴军北上，与齐国征战不休，越国君臣再一次整顿礼物财帛，向吴国进贡。同时，那些收受了大量越国好处，又对伍子胥抱有排挤心理的吴国文官势力，不断地进言，使夫差与伍子胥之间产生了巨大的裂痕。终于，这位杰出的军事家，没能战死沙场，马革裹尸，却倒在了君王的猜忌和同僚的排挤之下。

公元前482年，吴国精锐尽出，在夫差的率领之下，一路向西北进发，与晋国开始争夺霸主地位。强大的吴军以武力为后盾，终于获得了号令天下的权力，史称"黄池之会"。

此时，越国一直等待的机会终于到来了。多年的征战和杀伐，固然让吴国得到了名义上的盟主之位，然而，却也实实在在地损耗了这个强大国家的基石。多年战争，即便常胜，也会产生巨大的伤亡，何况多位北方诸侯虽然没落，但也依旧掌握着强大的军队。吴军虽然获胜，实现了各种战略目标。但是，这支所向披靡、战力强劲的江南吴军，也已经疲劳不堪了。

范蠡、文种等人多年的计划已经到了收获的时候，忍受着长久屈辱的越国就像压抑太久的弹簧，瞬间释放出了令人瞠目结舌的强大力量。在吴军主力远在北方的时候，越国大军发动了这场蓄谋已久的复仇之战，一举攻破吴国首都姑苏，留守国内的吴国太子遭到击杀，越军一番洗劫之后，撤兵讲和。而从遥远的北方赶回的吴国主力，在疲惫的状态之下，也没有足够的把握。于是，两国于年底讲和。

公元前479年，还没能完全抚平伤痕的吴国再一次遭到了越国的攻击，越军前锋部队越过五湖区域，陈兵江畔，与吴国部队隔江对峙。第二年，越军于笠泽（今江苏吴江一带）开始突击渡江作战，早已养精蓄锐许久的越国部队连续三次击败了疲惫不堪的吴军。一时间，吴军尸横遍野，一败涂地。在近卫部队的拼死掩护之下，夫差才得以逃生，率领残部撤回姑苏城死守。

公元前475年，越军大部完成了对姑苏城的包围，范蠡却下令围而不打，消耗城中有生力量。公元前473年，在将近三年的围困之后，吴国部队军心涣散，士气低迷，整个吴国再也无力组织起一支能够力挽狂澜的抵抗力量了。越军趁机大举进攻，逼迫夫差蒙面自尽，彻底摧毁了吴国的行政体系，并将吴国王室赶尽杀绝。年底，吴国灭亡。

公元前486年，凯旋而归的越王勾践意得志满，甚至许诺与范蠡共治天下。然而，范蠡却做出了出乎所有人意料的选择：退隐江湖。抛下了所有的荣耀之后，远遁齐国。并且，给好友文种写了一封信：

> "飞鸟尽，良弓藏；狡兔死，走狗烹。越王为人长颈鸟喙，可与共患难，不可与共乐。子何不去？"

这封书信很快送到了文种手中，然而文种却没有听从好友范蠡的劝告，功成身退，反而继续留在越国，位极人臣。享不尽的荣华富贵，让文种有些麻痹了。越王勾践的性格受到了范蠡的极大影响，在勾践世界观的形成过程中，范蠡的各种引导，让他非常了解这位君王。

公元前473年，越军平吴，北渡淮河，与齐、晋徐州会盟，称贡周天子，周元王赐越王以祭祀贡祚，命其为伯，越国声威大震。以淮上地与楚，归吴所侵宋地于宋，与鲁泗东方百里。一时间，越兵横行于江、淮东，诸侯毕贺，号称霸王。

越国一雪前耻，国内欣欣向荣，谋士如云，猛将如雨，精兵悍卒杀气腾腾，一派霸主气象，大有席卷天下的帝王之姿。当年所忍受的耻辱和压迫，在这一刻，都千百倍地回报了它们的价值。然而，在这一片繁荣的背后，却暗流涌动，范蠡给文种的一封书信，在看似坚固稳定的越国朝堂上，敲击出了一道难以愈合的、君臣猜忌的裂痕。

不久之后，心中有些忐忑的文种，似乎真的感到出现了什么问题，他有些不敢面对这位昔日共患难过的君王了。隐隐之中，文种有些后悔没有听从老友范蠡的劝告。越王勾践似乎不再是那个谦卑宽厚的明君了，一股含而不发的霸主杀气，让文种感到越来越冷了。

果然，朝中很快有人进言，称文种心怀不轨。勾践听闻，立刻召见了文种，并赐下宝剑，表彰了一番文种的功绩之后，命他带着这份治国才华，去地下"辅佐"前代越王，去打败前代吴国。文种接过勾践赐下利剑，自杀身死，被葬于越都西山之上，后世称之为"种山"（今绍兴城内卧龙山）。

> 吴既灭，范蠡引退，致信种曰："高鸟散，良弓藏，狡兔尽，走狗烹。"文种得范蠡书后称病不朝，人或谗文种且作乱。越王乃赐文种属镂之剑曰："子有阴谋兵法，顷敌取国。九术之策，今用三已破强吴，其六尚在子所，愿幸以余术为孤前王于地下谋吴之前人。"
>
> ——《吴越春秋》

并不是说范蠡的一封书信就让勾践、文种君臣反目，就此开启了君臣猜忌防备的先河。自古以来，从来没有无权利的义务，也绝不会有无义务的权利。是非对错，个中曲折，永远都掩盖在厚厚的时光尘埃之中，而永恒不变的，唯有利益。

　　并不是勾践真的如范蠡所言，长了一副难以共同享乐的面相，也绝不完全是文种的才华和智慧令君王寝食难安。只不过，雄心勃勃的君王，永远不会真正安于现状，他们只会希望有越来越广阔的疆土，越来越庞大的帝国。所有给子民休养生息的仁政，最终的目的，都是为了更好地服务于实现自己欲望的过程。如果利益需要仁慈，那么就仁政治国；如果利益需要战争，那么王旗所向，就势必是子民赴死之地。

　　文种的目光和智慧很长远，他的执政理念如果能够持续地施行下去，那么未来的越国，必将所向披靡，攻无不克，战无不胜，一统天下。然而勾践显然不再年轻了，他没有足够的耐心继续为后人积蓄力量了。他只希望，在有生之年，自己能够品尝到足够美味的权力，至于未来，那么就交给未来罢。

　　并不是文种的破吴九策（在会稽地方志《越绝书》中称破吴术为九，《东周列国志》中则称破吴术为七）引起了勾践的警惕和猜忌，只不过是这所谓的破吴之术，自然是应该用于破"吴"的，而吴已灭亡，此等权谋，应当何处？而制定了破吴九术的文种范蠡，显然已经失去了与越王勾践共同的敌人和目标，反而，范蠡渴望的绝对自由、文种追求的千秋霸业，都已经和君王本身的欲望和目标，背道而驰了。

　　只不过范蠡选择了弃官从商，凭借着出众的智慧和才华，潇洒人生，而文种却始终没能明白，勾践的霸业，不是越国的霸业。

　　与那一封把君臣矛盾如此尖锐地摆在台面上的书信无关，所谓君王，只不过是把所有是非全部抛在脑后，只把利弊放在心头的无情人而已。每当他们的方向发生了改变，不能及时调整自我目标的臣子，都会很快变成国家轨道改变路途中的绊脚石，或粉碎，或颠覆。对于掌握了国家力量的君王来说，还是前者更好些。

　　导致了君臣反目的并不是范蠡的书信，只不过是，君子只说"道不同不相为谋"，而君王都习惯去做的是，"道不同赶尽杀绝。"

成败皆法，王朝兴废谁人定——商　鞅

　　本是卫国皇族后裔，不得重用，而后入秦，三次游说君王，终于得到秦孝公的认可和支持。两次改革，化腐朽为神奇，一扫秦国积弊，史称"商鞅变法"。至此，奠定了大秦王朝一统天下的坚固基石。因触犯守旧贵族利益，被处车裂，身虽死而政令依旧。严刑峻法成就了秦国一统天下，却又因苛刻致使王朝二世而亡。他，就是将法家学派推上顶峰的大秦名相，商鞅。

在魏国为什么不受重用？

　　周天子分封诸侯，周文王嫡九子康叔封得封称王，建国名卫。传四十一代君王，国祚九百余年。传至三十七代，名卫慎公。公元前 383 年去世。王室人丁繁荣，有一公子，姓公孙，名鞅，好李悝、吴起法家之术，又求学于三晋名士尸佼，有理政治国之贤才，亦具辅王称霸之才谋。

　　公孙鞅虽然是卫国贵族，但是一个弱小的卫国显然并不能实现他的治国理念。公元前 453 年，曾经称霸春秋的强大晋国在各方势力以及各种因素的不断作用之下，土崩瓦解。国内贵族势力代表赵襄子、魏桓子、韩康子各立门庭，成赵、魏、韩三国，史称"三家分晋"。

　　魏国所处，乃是百战之地，危机四伏，群雄环伺，故自公元前 403 年周天子册封魏王诸侯之后，魏文侯励精图治，大力改革，方在乱世中得立锥之地，历代魏王，多有贤君，兢兢业业，勤政治国。期间，有崔璜荐吴起，李悝变法度，乐羊灭中山，西门豹治邺城。大有一飞冲天，睥睨群雄之态。

魏传三代，至魏惠王，迁都大梁，徐州相王，修古汴河，通鸿沟，败强秦，破邯郸，威服赵、韩。然刚而斗狠则难久，盛不修身则必衰。公元前354年，桂陵之战爆发，魏军中齐军围魏救赵之计，伤亡惨重。公元前341年，马陵之战狼烟再起，齐国军师孙膑，智计百出，能而示之不能，用而示之不用。再布疑阵，终将魏军主将庞涓团团围困，伏剑自杀。魏军主帅太子申力竭才穷，被齐军生俘。

魏国有相，名公孙痤，有识才之名，治国之智。然而此人虽有贤名，却困于权柄，心胸颇狭。公孙鞅出卫游历，至公孙痤门下，声名远播，但公孙痤却始终没有向魏惠王正式举荐过他。直至病危，才在魏惠王上门驾临探望之时，向魏惠王推荐公孙鞅大才，并请魏惠王重用他，如果真的不想重用，那么就一定要杀掉，以防此人逃到敌国，为他人所用。

魏惠王有些犹豫，毕竟用一生辅佐着自己的老相看起来已经病入膏肓了。他的临终嘱咐，应该不会是无的放矢，然而，当他发现公孙痤一本正经地推荐公孙鞅的时候，忽然觉得很奇怪。既然此人才华如此出众，那么为什么没有早推荐给自己呢？

恍惚中，当年吴起被公孙痤排挤，远走他乡的事情被魏惠王回想起来。他对公孙痤这种为了保全自己权势，而嫉贤妒能的行为颇有些不齿。原本为了国家兢兢业业、勤勤恳恳的老臣，在他的眼中似乎变了些味道。尤其是当公孙痤非常认真地告诉自己，如果不重用此人，那么就一定杀掉以防其逃走到其他国家之后，这个有些自负的魏王心中，更加不屑了，甚至觉得，应是老人病重，有些糊涂了罢！

在公孙痤极力推荐这个年轻人，并请魏惠王对其委以重任的要求提出之后，魏惠王甚至有些冷淡了，他觉得一个因为不舍得自身权位而不断地排挤贤能之人，他的临终嘱托中，到底又有几分真真正正是大公无私、唯才为国呢？

于是，魏惠王有些不耐烦地丢下了一句话："可悲！老相国糊涂了，竟然让我泱泱魏国，之后听一个年轻人的话！"

> "座之中庶子公孙鞅，年虽少，有奇才，愿王举国而听之。王若不听用鞅，必杀之，无令出境。"
>
> ——《史记》

> 王弗应，出而谓左右曰："岂不悲哉！以公叔之贤，而谓寡人必以国事听鞅，不亦悖乎！"
>
> ——《战国策》

魏惠王离开之后，公孙痤马上招来公孙鞅，劝告他，如果魏惠王没能听从建议启用他，那么就赶快离开，以防魏惠王杀人灭口。结果，公孙鞅不以为然地回答道："既然您已经看出大王态度，不会听从您的意见重用我，那么，自然大王更不会听从您的意见杀掉我。"言罢，坦然离去。不久之后，公孙痤病逝，而公孙鞅则继续放心大胆地留在魏国观望，等待着机会。

> 公叔座召鞅谢曰："今者王问可以为相者，我言若，王色不许我。我方先君後臣，因谓王即弗用鞅，当杀之。王许我。汝可疾去矣，且见禽。"鞅曰："彼王不能用君之言任臣，又安能用君之言杀臣乎？"
>
> ——《史记》

实际上，公孙鞅在魏国没有得到重用，恰恰是因魏惠王和公孙痤两人的性格缺陷而决定的。魏惠王为人，虽有称霸天下大志，却无任人唯贤之才。他刚愎自用，仅仅因为自身对于举荐者公孙痤的不满，而像小孩子赌气一般，拒绝了对自己国家将有极大帮助的治国之才。并不是他完全否认了公孙鞅的才华，只不过他觉得作为一国之君，还是应该更加率性和自我一些而已。

然而率性和自我之人，若在寻常百姓之家，未尝不能成为个性特别的一方狂哲，但是偏偏他这位喜欢由着自己喜好而做事的人，生在了王侯之家，他讨厌束缚，拒绝一切自己潜意识中不喜的人或事，凭借着特殊的身份和权力，将这份不喜和任性，最大限度地实施了。提起明君，从来都应是以国为重，人尽其用。显然，魏惠王虽然出于身份和地位、欲望和理想，希望自己的国家强大，但他并不能完全克服自身的率性，只是轻描淡写地将称霸天下的梦想挂在嘴边，而不是放在心里，强迫自己改变性格。更何况，他并不认为，一个具备治国才华的文官，能真正影响到一个国家的命运。

而公孙痤选择推荐公孙鞅的机会，恰恰是自己即将病逝，再也不需要什么权柄之时。这样一来，加上之前在魏国政坛排挤吴起等贤才的作为，令他的这份推荐完完全全地起到了相反的作用。他希望留给自己一个推荐贤才的名声，却恰恰让魏惠王产生了一种极其逆反的心理，甚至源自这份心理，都不打算去真真正正地了解一下，公孙鞅到底是一个什么样的人才。公孙痤是一个非常典型的爱国政客，但是他爱国的前提，却一定是需要建立在不会触及和损害自身根本利益的基础之上的。他谏言魏惠王杀掉公孙鞅，又劝告公孙鞅逃走，这位老臣既想为国出力，又想留下贤名，其左右摇摆的姿态被展现得淋漓尽致。而公孙痤没有注意到的一件事，就是他的身份与地位，决定了他的作风和行为，必将会影响到整个魏国政坛，这个国家执政体系中的中坚力量，都自然或多或少地沾染上了这种犹豫不决、前后摇摆的政治风格。

对于公孙鞅来说，最可怕的事情并不是自己的引荐者一方面向国君极力推荐，一方面又劝说国君若不用则杀之以除后患，然后又劝告自己逃走避难这样两面三刀的摇摆行为。而是整个魏国政坛都弥漫着类似的行事风格和思维模式，然而自家的国君，却是一个率性而为、任性不慎的糊涂大王。当这种腐朽而弥漫着阴云的政坛风向和一个刚愎自用却又不能系统梳理这种日渐恶化情况的君主相碰撞之时，受到排挤、上升通道被堵死的，永远都只是类似于自己这般，没有地位、且不在既得利益者群体里的这一伙门客。

就失去了政治上升空间和前进通道这件事本身来说，对于胸有锦绣或者自认胸有锦绣者而言，都不啻于毁灭性的灾难。如果真的想要在国君和臣子的碰撞夹缝中，寻觅机会，脱颖而出，唯有先彻底融入这个混沌而复杂的政坛。而这个过程，将会漫长而且无法判定结果。对于公孙鞅这个有着雄心壮志的年轻人来说，他也并不想因为追求权柄而将时间和精力放在这种消耗之上，因为，他的理想足够宏大，时间也足够紧迫。

所以，魏惠王没有认真重用公孙鞅，当然也没打算杀之灭口。公孙痤虽然打算最后为国家做一些贡献，却首先建立在自身利益不受损害的前提之上。于是，混乱的魏国政坛，也被公孙鞅自己，无情而果决地放弃了。

秦孝公凭什么支持商鞅？

不久，一位在中国历史上起到了巨大作用的君王出现在公孙鞅的世界里，他就是后来被各方史学家一致认可的，大秦帝国一统天下基业的重要奠基人——秦孝公。

> 秦孝公据崤函之固，拥雍州之地，君臣固守以窥周室，有席卷天下，包举宇内，囊括四海之意，并吞八荒之心。当是时也，商君佐之，内立法度，务耕织，修守战之具，外连衡而斗诸侯……
>
> ——《过秦论》

这位给秦王朝奠定了坚实基础的君王，也并不是一开始就拥有着一个良好的平台，他之所以伟大，恰恰因为，这位君王是平台的建设者而不是传承者。继位之初，秦国正处于魏国、韩国、赵国等东方强国实力强劲、野心勃勃的扩张期，在各路诸侯的压迫和排挤之下，发展如履薄冰，胆战心惊；而国内也处于一种阳奉阴违、乌烟瘴气的混乱状态，王权颇为不稳。秦孝公显然不打算就这样一直艰难地苟且下去，于是，他以绝强的魄力发布了一道震烁古今的命令，缅怀秦代先王功业，痛陈当下国中积弊，甘愿列土封疆，以求治国人才。此令即为《求贤令》。

> 昔我缪公自歧雍之间，修德行武。东平晋乱，以河为界。西霸戎翟，广地千里。天子致伯，诸侯毕贺，为后世开业，甚光美。会往者厉、躁、简公、出子之不宁，国家内忧，未遑外事，三晋攻夺我先君河西地，诸侯卑秦，丑莫大焉。献公即位，镇抚边境，徒治栎阳，且欲东伐，复缪公之故地，修缪公之政令。寡人思念先君之意，常痛于心。宾客群臣有能出奇计强秦者，吾且尊官，与之分土！
>
> ——《资治通鉴》

从这道诏书之中，公孙鞅似乎看到了机会，他明白，命运的抉择已经到来，至于生身之卫国，混迹之魏国，在自己的理想面前，根本算不得什么。无论公孙痤是不是真心实意地对待自己，无论魏惠王最后到底能不能想通，这都已经不重要了。此时，不正是到了所谓"学成文武艺，货卖帝王家"的时候了吗？

于是，这个胸怀锦绣的年轻人悄然离去，向着西方秦国，开始了实现梦想的征程。当然，在公孙痤手下度过的门客生涯也教给了他一些看似庸俗，却又极为实用的道理。他没有时间也并没打算再用掉更多一些时间，来传扬自己的贤名了。秦国危如累卵，时不我待之下，任何能够尽早踏入秦国权力核心的手段，都是这个年轻人甘愿甚至乐于使用的。

他并没有像许多先贤一般，以高洁的品格和才华在民间等待名声大振之后再去游说君王，而是立刻着手与秦孝公宠臣近侍打通关系，力争以最短的时间，迅速进入秦孝公的视野。

首先，他很快确定了需要借助的引荐者，秦孝公宠臣景监。并且与之倾心相交，畅谈治国之道。很快，觉得这个年轻人说得头头是道，而深深被折服的景监，迅速开始安排秦孝公与这个年轻人的见面。然而令景监很郁闷的一件事发生了——经过商谈，公孙鞅似乎没有得到孝公的认可。

不过，公孙鞅没有气馁，他与秦孝公第一次会面中，主要商谈的，恰恰是三皇五帝等先帝的仁政礼法，经过这次试探，他似乎感觉到，秦孝公也许和自己一样，只愿立竿见影，不愿厚积薄发。于是，他再一次恳求景监安排会见。第二次，再以王道游说，秦孝公似乎有了些兴趣，但也并没有真正动心。经过两次失败的会面之后，景监也有些动摇了，毕竟，不断地安排君王与不喜欢的说客会面这件事本身，也有可能导致君王的不满。

然而，公孙鞅锲而不舍地恳求着，并且保证此次一定可以得到孝公的认可。出于对这个年轻人的欣赏，景监再一次安排了一次会面。这一次，公孙鞅直入主题，并不再提所谓帝王之道，而是开门见山地明确提出了如何能够迅速强兵富国，与东方诸侯争霸天下。先前会谈中一直听得几乎昏昏欲睡的秦孝公马上态度大变，在这次彻夜长谈之后，决定开始重用公孙鞅。

然而所有的改变都会影响到各个群体的利益，大量的秦国贵族和世家官宦一开始对这个名不见经传的年轻人表示了反对。而秦孝公却力排众议，十分坚决地对其委以重任。

并不是秦国目前的政坛就比当初的魏国更加清明，也不是秦国贵族官宦的力量不足以动摇君王的决心，只不过是公孙鞅的治国方略中最大的获利群体，是支持国家基础的务农者和军方。无论多么高贵的家族，也无法凭借着讲究的礼节和祖宗的荣耀填饱肚子，而军方，在这个乱世中，却恰恰正是保证国家机关执行力的最主要工具。

公孙鞅的思想和法令，恰恰起到重新塑造秦国价值观的作用，而对于当时混乱而缺乏力度的秦国风气的改变，也恰恰是所有有志于让秦国强大起来的中坚力量所支持的。而且，如此变革，虽然触犯了手握权力和掌控大量社会财富的旧贵族，但是，无论如何调整，君王本身，都一定是这场变革的获利者。

想要扫除积弊的君王，加上有志于改善秦国现状的新锐力量，再辅以军方的肯定和支持，这场席卷全国的改革，就这样，在重重阻力之下，轰轰烈烈地拉开了大幕。

公孙鞅并不知道，秦孝公之所以如此肯定和支持他的理念，也有足够的实力掌控和推动这场变革，这其中所倚仗和凭借的，并不仅仅是富国强兵的一腔热情和一言九鼎的帝王之威。所有渴望获得新的上升渠道的势力和阶级，才是这场铭记史册的变革最为有利的支撑。

变法给秦国带来了什么？

公孙鞅能够获得国内新锐阶级和君王的支持，与其变法的实质内容密不可分。其《垦草令》的核心内容，就是整肃吏治，鼓励农耕，控制思想。让所有想要提出不同观点，搅乱思想和价值观的政治说客无处存身。这其中，最大的受害者，就是豢养了大批所谓智囊门客的旧贵族，而最大的收益者，却并不是真正务农于基层的劳动者，而是新近崛起，却因缺乏家世而难以寻觅到上升机会的中小贵族。

这批中小贵族们掌握着目前国家最重要的资源之一：底层生产人口。他们的势力或许远不如朝堂之上那些凭借着先人荫庇而呼风唤雨的世家豪门。然而这些旧贵族在不断反对和被新晋贵族蚕食的过程中，始终忽视了一点：当前，他们所擅长的、所拥有的权谋和手腕，地位和家世，如果失去了秦国本身这棵遮风挡雨的大树，那么这一切荣华富贵和话语权，都将不复存在。

当这群旧贵族依旧忙碌于在朝堂之上展开勾心斗角的明争暗斗之时，新锐力量却在不断地积累着实实在在的社会财富和生产资料。一群群平日里趾高气扬的门客老爷们奔走游说，却始终没有起到根本性的改变。凭借着国家力量的支持和推动，所有从事管理社会生产的基层官吏和一线生产者，再也不愿相信这些说客们所描绘的美好未来。在他们的眼中，只是空动唇舌的许诺，怎么比得上辛勤工作，能够带来切实利益的新法。

掌控了基层生产力量的变法利益集团，紧接着又开始统一户籍管理，提出法家治国，连坐约束。这个看起来有些严苛甚至过于残酷的刑事管理体系，实际上却并不完全是对基层生产者的控制和打压。因为真正按捺不住寂寞，想要搅动风云的，并不是基层生产者，而是那些始终想要不劳而获的所谓贵族智囊、游说政客。所以，这条法令的推行，实际上只是再一次巩固和加强了真正能够为国家生产和创造实实在在的财富和物资的中下阶级利益，而从司法刑事体系上，给予了一群守旧贵族们又一次沉重的打击。

随后，有些色厉内荏的旧贵族阶级遭到了新法令最致命的一次攻击：宗室不能够再依靠祖上的余荫享受荣华富贵，而军功，才是能够光大门庭的主要手段。所有的爵位功名，都不会只凭祖上，而是要靠当下，为国家开疆拓土，斩将杀敌。而且，即便是家底厚实，没有足够的功劳，也不得过分奢华。

> 宗室非有军功论，不得为属籍。明尊卑爵秩等级，各以差次名田宅，臣妾衣服以家次。有功者显荣，无功者虽富无所芬华。
>
> ——《史记》

这一次，所有的守旧贵族终于慌了手脚，因为他们早已经习惯躺在祖先的功劳簿上享受奢华高贵的生活。让这样一群只会指手画脚、空谈国事的王孙公子们拿起刀枪，冲上战场，无异于提前宣判了他们的死刑。而最可怕的，却是这条法令，将会得到军方的认可和支持，令守旧派完全失去了武力的支持。

如此一来，守旧势力既无法认可低贱的劳作，也不能真正为国作战，他们的生存空间受到了史无前例的挤压。最让守旧派无力反驳的，就是改革派的出发点，是完全为了秦国本身的强大，而不是通过权力谋求私利。在新的法令面前，一个原本就只剩下勇气和鲜血的亡命之徒，和家财万贯、养尊处优的贵族老爷们，看似处在了同一个起点，但向终点前进的过程之中，贵族们所拥有的权势和曾经的荣耀，却无法真正切实地帮助他们前进，反而会成为他们束手束脚的阻碍。

这场惊天动地的改革，让秦国的价值观体系发生了天崩地裂的变化。任何家世都不能成为维系当前良好生活质量的主要因素。反而，原本就身无长物的底层军民，他们毫无牵绊，只要舍得拼死作战，就能得到一个改变命运的机会。

对于军队来说，在战场之上，凶狠的敌人并不会因为哪位将军的祖上足够辉煌就停下挥舞刀枪，更不会因为哪个元帅读过更多的兵书，懂得更多的百家思想就缴械投降。而对于底层的军士来说，他们根本无需考虑自己这一次奉命出战是不是符合礼法道义，他们砍杀敌人的动作是不是足够高贵。在这乱世的浪潮之中，只要杀死敌人，活下去，就已经是莫大的幸福，而这个新的法令，在他们原本每天就需要完成的工作之外，竟然还附加了改变命运这一奖励。如此一来，只要拼尽力气地斩杀敌人就足够了。新法令对于他们最重要的意义，就在于没有必要再继续与那些擅长权谋和计策的军官老爷们斗得天昏地暗，争夺功勋爵位了。

任何一个名将都不可能独自一人战胜千军万马，没有一个声名远扬的元帅不需要凭借麾下的百万雄师。最底层的力量固然缺少了高雅的仪态和雍容的美感，然而，在这份粗犷和卑微的阶级里，却蕴含着足以令世界天翻地覆的巨大力量。新的法令，让这样一个始终被当做工具和殉葬品的阶级，看到了从天而降的一丝光明，一个摆脱工具命运的转机。虽然，当这个阶级真的越过了那条鸿沟以后，也许会发现，无非是从低级工具蜕变为了高级工具，却依旧没有改变工具本身的性质。

但是仅仅如此就已经值得豪勇的秦人拼尽一切了。现在，把自己卖一个好价钱的机会被圣明的君王和贤良的大臣慷慨地赐予了，是时候，博一个前程！

得到了最基础力量支持的新法在帝王的配合与子民的肯定中迅速推行。秦国的力量开始急剧膨胀。每一个人都明白，曾经的一切都不再是这个新赌桌上的筹码了，唯有自己才是最可依赖的。不会有军人再对一场十不存九的决死之战表示畏惧，因为如果自己是那个可以活着回来的人，那么就可以享受到曾经赌上性命也无法得到的机会和生活；也不会再有农夫役卒抱怨劳作的艰辛，因为至少在奋力挣扎之后，能够得到一个相对稳定的，活下去的空间。

秦国在这场史无前例的改革中迅速强大，每一个子民和官宦都深刻而清晰地明白自己的价值。不能够用刀剑砍下敌人头颅的劳动者，只需要奋力为战争提供物资；可以披坚执锐、浴血沙场的勇士，只需要用自己的武器，拼死杀掉敌人；每一个官宦，只需要将物资和军队之间、君王和将领之间，调配衔接，高效统一，就已经足够了。这个国家，不再需要除了这三类人以外的任何杂音和思想，也不用去思考生命本身到底有什么价值。

每一个劳作者都像一台顺从而勤恳的生产工具，每一个战士都像一尊无所畏惧的杀戮傀儡，每一名官员都是为了将君王的欲望和命令以杀戮者和生产者都可以听懂的形式扩散而出的传声筒，这些就已经足够了。不需要太聪明，只需要做好国家安排的一切，然后告诉自己，这是命运。拼尽一切的话，或许可以改变命运。

一个被中原诸侯们所鄙夷的蛮夷，凭借着雄伟的山川阻挡了所有人的视线。在各方势力还在不停地瓦解当初的奴隶制并向着封建制度前进的时候，秦国似乎形成了一种全新的可怕体制的雏形，在后世，我们习惯地称之为：极端国家主义。

一个国家，不再需要除了农与战之外的体系了，这片土地上所有的一切都是为了能够实现君王的意愿而存在。而这次变法最为令人叹服的，是在高度集权和看似重压以满足领袖欲望的同时，也给了每一个曾经被当做是工具的最底层阶级，一个似乎能够拼了命就能够得到的梦想。

当然，无论是公孙鞅，还是秦孝公，他们都明白，这个似乎能够拼了命而触摸到的梦想，实际上也不过就是一个君王与权臣一起构画出来的、看得见却吃不到的美味大饼。然而即便如此，仓廪实而知礼仪的伟大思想，也无法战胜仓廪实而起刀兵的粗野战力。

对于秦国来说，这场让统治阶级的工具变得更加驯服、更加高效、更加残暴的改革，让这个始终被各方外患所威胁的西方蛮夷，彻底摆脱了亡国灭种的危机，对于那样一个弱肉强食的混乱时代，已经足够了。一只时刻可能成为食物的兔子，忽然开始向着豺狼蜕变了。豺狼看似咀嚼着腐肉，并且毫无仪态地淌着口水，浑身血污，蹒跚艰难，但是它们已经摆脱了作为食物的命运，变成了猎食者。

秦国，从这场变法中，得到的最重要的，除了获得了走上天下这场豪赌的赌桌的资格，一支绝强战力的军队，以及任劳任怨的后勤补给之外，这场风暴也将始终拖住大秦帝国向前奔跑的那些旧贵族们，绞得粉身碎骨，让他们再也无法高举祖上的余荫，遮挡王朝的太阳。

法令决定了王朝的兴废？

一系列大刀阔斧的改革，让秦国就此走上了称霸天下的道路，秦孝公也没有失信。按照当初《招贤令》所约定的"宾客群臣有能出奇计强秦者，吾且尊官，与之分土"一说，将商洛一带作为封地赐予公孙鞅，至此，公孙鞅的名字，在中华泱泱千年历史上，也成了"商鞅"。而他的治国理念和思想系统，也成为了一部足够令历代君王反复思考和品读的《商君书》。

西汉初年政论家、文学家、长沙王太傅贾谊的《过秦论》中，对这场铭记史册的巨大改革，只有不到五十字的描述："当是时也，商君佐之，内立法度，务耕织，修守战之具，外连衡而斗诸侯。于是秦人拱手而取西河之外。"

然而，轻描淡写的几句话背后，掩藏了怎样摄人心魄的腥风血雨，平白直叙的几十字之下，埋葬着如何波澜壮阔的惊涛骇浪。或许，只有巍峨的函谷关，与沉默的青山，才看得清楚。厚厚的时光之沙弥漫在岁月的长河上，让试图去眺望彩虹的追逐者迷了双眼，而无论当时到底流淌了多少鲜血，当后人翻开落满了灰尘的史册之时，也只能隐隐约约地看到一点点零星而干涸的赤溃罢了。

中国人对于土地的敏感度从古至今都没有太多下降，先贤们无论多么重视人性，也总会将"普天之下，莫非王土"放在"率土之滨，莫非王臣"之前。或许真的只是"拱手而取西河之外"，然而，这片土地权力的交接和转移，一定浸透了血火，烧遍了狼烟。

终于，始终没能真正获得角逐天下资格的秦帝国在这场剧痛的变革中完成了涅槃。就像后世谭嗣同所言：

> "各国变法无不从流血而成，今日中国未闻有因变法而流血者，此国之所以不昌也。有之，请自嗣同始。"

在中国，并不是没有人为变法而流过血，在秦孝公和商鞅的铁腕之下，不知有多少人倒在了血泊之中。而正是这淋漓的鲜血，成为了涅槃的燃料，让这火焰，足以烧毁一切。随后，几代秦君励精图治，因为他们明白，如果不能用足够的力量驾驭这部已经开始狂奔的战车，那么，就一定会被这无情的车轮，碾得粉身碎骨。

直到秦国成为了第一个封建王朝，一个新的时代就此开启。然而一直沿用了商君法令的秦王朝，却出现了一个昏聩的君王，随后，当项羽点燃的那一场数月不熄的烈火，恢弘大气的阿房宫就成了一个制度的殉葬品。这其中，仅仅是因为赵高、李斯之流弄权徇私，二世胡亥昏庸无能吗？

固然，秦王朝的覆灭与这些国家的罪人脱不了干系，但是，同样出现过昏聩君王的朝代，在中国历史上数不胜数，而唯有秦王朝，却如此短命，这其中，自有独特的原因。在秦王朝的覆灭过程中，有多方面因素起到了决定性的作用。战国时期，各诸侯国数百年的连年征战，互相厮杀，民声鼎沸，最后夺得政权的秦王朝也是横征暴敛，众怒难犯、苟延残喘，国家矛盾涵盖了经济、行政、意识形态等各个领域，在这些因素共同发力之下，一场宫廷政变，就成为了点燃暴动，席卷整个王朝的导火索。

极端国家主义所衍生出的军国主义雏形，就注定了这台战车不能够轻易停下前进的脚步。因为严苛的法令本身，就限制了生产力的发展和生产技术的进步。管理调控一个诸侯国和掌控平衡整个天下，显然绝不是一个概念。当战争平息的时候，军国主义缺乏对外扩张的宣泄口之后，其枯燥而落后的生活方式，也就必然和越来越进步的社会思想水平产生激烈碰撞。而当有外敌之时，完全可以将这份巨大的压力，变成继续扩张的强大武力。而秦始皇，也恰恰是如此做的。

> 及至始皇，奋六世之余烈，振长策而御宇内，吞二周而亡诸侯，履至尊而制六合，执敲扑而鞭笞天下，威振四海。南取百越之地，以为桂林、象郡；百越之君，俯首系颈，委命下吏。乃使蒙恬北筑长城而守藩篱，却匈奴七百余里；胡人不敢南下而牧马，士不敢弯弓而报怨。
>
> ——《过秦论》

天下诸侯早已经在虎狼秦军的铁蹄之下灰飞烟灭，而过剩到无处宣泄的暴力，很快就被秦王朝向着北方匈奴和南部少数民族地区倾泻而去。随后，秦王朝的第一个致命问题出现了：这两场战争的战利品，并不足以满足这支如狼似虎的秦军，荒芜的草原大漠和毒瘴横生的南方丛林，显然并不是什么好封地。

没能得到期望中奖赏的军队和子民有些躁动了，因为国家总体的财富只有这么多，并不够让所有人都获得满意的封赏。而这一次大家拼命战争所得到的，已经不再是富饶肥美的中华大地了，获得的这片土地上的财富根本就无法满足大家的预期。反而让军士们认为，他们与当年开疆拓土扫平六国时期的秦军并没有什么两样，同样是将生命丢上了赌桌，也同样获得了惨烈的胜利，而到了开盅的时候，却发现，桌子上的钱，少了许多。

而秦王朝法令本身所提倡的令行禁止、全民用命，其根基是建立在赏罚分明之上的。现在赏金不够，则不满的人会越来越多。此时，秦国最大的一次决策失误出现了：国家并没有遵守之前的规则，却又不想因旧规则不能适应新局面而进行调整，反而进一步将旧规则的索取和惩罚提升，用以弹压和控制底层军队和子民的情绪。

修建阿房宫，并不仅仅是秦始皇骄奢淫逸、贪图享乐，只不过他发现已经无法将这支庞大暴力集团过剩的精力宣泄出去之后，没有选择将这份喷涌的力量用于提升生产技术和生产力，进而通过创造更多的社会财富来平息阶级矛盾，反而将这份过剩的力量用于进一步的国家工程之上。这就足以让原本就因没有得到期许封赏的底层阶级，更加愤怒。

当社会阶级矛盾无法转移的时候，适当地进行大规模的国家工程建设，确实可以疏导这份压力，就如第二次世界大战时期的美国，罗斯福在美国社会矛盾即将猛烈爆发之前，选择了树立一个外敌，并开始大规模进行国家级别的工程建设。然后，等待着这个外敌被自己的军队摧毁，而子民无处释放的压力就成为了继续为国建设的动力。

秦始皇的作为显然与罗斯福之间差了一步：秦王朝没能树立一个让民众认定，击败之后可以获得足够利益或是被击败就会灭亡的外敌。反而，在国家工程建设的劳动量上，足够繁重。

用于抵御北方少数民族入侵而修葺的长城并不是秦王朝最为令民众不满的工程，为了君王而修建的阿房宫和皇陵才是让整个国家体系崩溃的重压。固然长城的修建也引起了一部分民众反弹，但是毕竟对于大多数人来说，能够保障生存空间安全，还是值得的。而满足帝王需求的繁重工程，则与拥有社会最庞大力量的底层阶级集团利益需求，完全脱节了。

于是，长城的修建虽然艰难但是依旧还在进行着，而阿房宫和皇陵的修建，则令民怨沸腾。

此时，秦王朝第二个严重的决策失误出现了：

> 废先王之道，焚百家之言，以愚黔首；隳名城，杀豪杰；收天下之兵，聚之咸阳，销锋镝，铸以为金人十二，以弱天下之民。
>
> ——《过秦论》

控制思想，让整个国家除了耕田负责后勤者和斩杀敌人的军队之外，不存在其他的思想体系和利益阶级，是秦国能够蜕变成为秦朝的重要手段之一。然而，战马上可以得天下，但战马上绝难以治天下。一个高压的行政司法体系，在管理范围相对狭小的时候，确实可以起到控制思想、稳定局势的作用，然而，只有秦国采用了这样的思想体系，而被征伐消灭的六国却并没有。在思想和意识形态这个层面上，刀枪和杀戮的力量，显然就有些力不从心了。

当秦国的子民们和当年的六国百姓发生交融的时候，仅仅靠着焚烧书籍和严刑峻法，必然不足以完全斩断思想层面的交流，当然也更无力阻止这种源于意识形态基础上的碰撞。当六国百家的思想体系开始冲击秦国原本的思维模式之时，秦王朝选择了用堵塞和消灭的手段进行处理，而没有采用疏导和同化。

并且，秦王朝收缴天下兵器铸成金人的决策，完全是一次劳民伤财的损耗工程。其决策之初希望达到的控制民间武力和震慑民心的作用，在真正实施之后，却完全没能达到既定效果。因为秦王朝的决策者忽视了一件最为重要，也是这项决策应该考虑的最重要因素：能够动摇王朝根基的武力，并不是来自于刀枪剑戟、良弓劲弩这些兵器本身，而是使用它们的人。

在军事科学落后的时代里，一个手持锋利武器且经过一定水准的军事训练的战士，至少可以击败三到五个没有任何军事装备和基础的平民。在统一而且高效的战斗序列整合下，也将会拥有更为强大的杀伤力和控制力。然而，即便秦国子民全民皆兵，他们的人口总量也绝不会等同于全国人口的三到五分之一，况且，忠诚而精锐的部队，在这个庞大基数下，将会更少。

在无法通过引导和疏解手段调控整个国家力量的时候，仅仅依靠武力现在就更加难以实现，况且秦王朝的嫡系部队在一统六国的征战中不断消耗，凭借收编和改组六国的残兵败将，勉强继续维系着足够规模的武装部队。然而，这支混编部队本身，就注定了原秦国部队与六国降部之间，会产生一定程度的交融、碰撞以及相互影响。

当军国主义扩张政策的初期，其鼓励军功的模式，还能够弥补混编部队之间若有若无的裂痕。而当赏罚分明中的"赏"无法兑现的时候，这种源自不同思想体系的冲突，就会无限扩大，此起彼伏，极大限度地削弱甚至瓦解军队的战斗力。毕竟，六国降部的军人，可不是只知道挥动屠刀的杀人机器，就算他们的不满不能够完全催生哗变和分裂，也足够让秦国本土军队的战斗意志受到源自思维层面的猛烈冲击，这份冲击力积累到达一定程度之后，全民皆兵、全国为战争的思想体系，就会被这种看不见的文明和思维的重锤，敲击得粉碎。

而当用以维系整个国家的思想体系彻底崩坏之后，人们不再轻易相信执政者，随之而来的，也必将是各个阶级开始对整个法令本身的合理性、统治阶级利益集团剥削和奴役的合法性产生怀疑。人们开始思考自己除了成为杀戮机器或者是耕种工具之外，还应该有怎么样的存在意义。毕竟当前的法令不停地将人民物化和工具化，而这仅仅只够覆盖秦国原本的，最早期相信和接受法令的民众，却不足以抵挡来自东方先进思想体系的冲击。当不同的阶级开始寻找自己不同于政府划定的存在价值之时，整个秦王朝的社会体系，就已经开始了完全无法逆转的崩坏和毁灭，即便胡亥等人挫败了陈胜、吴广和后续的项羽、刘邦起义，也根本无法阻挡这一场来自于物质层面和意识形态层面的双重冲击。

所以，并不是法令本身就产生了足够大的影响力，可以决定王朝的兴废了，而是整个秦王朝在变化的局势面前没能够将法令向着适应于局势的方向更新改变，反而将法令本身的缺陷和弱点进一步扩大和加强了。所谓乱世需用重典，并不代表盛世之下就不需要死刑，整个司法行政体系，如果不能够遵循时代和形势的需求不断变化，那么整个王朝的毁灭也就在所难免了。

高洁美政，难挽王侯自甘污——屈　原

　　他出身名门贵族，品行高洁，才华横溢，主张美政治国，早期得到怀王的支持，改革后，楚国一跃成为最强大的诸侯国。然而风云突变，外有机辩说客施以诡诈，内有守旧贵族陷害阻挠，君心摇摆游移，终于政乱国败，王亦客死异乡。直到白起破楚，抱石沉江，苍生痛哭。他，就是开创了浪漫楚辞的理想主义天才，失败的政客——屈原。

美政到底是什么？

公元前约 340 年，楚地丹阳（今湖北省宜昌）一个名门贵族的家里，一个男婴诞生了。从小就接受的良好教育和融入平民阶级的成长经历，让这个男孩逐渐形成了一种站在统治阶级思想层面，却又能切实关注身边百姓实际问题的良好世界观。凭借着聪敏好学的积累，这个男孩一步步成长着。凭借着自身出众的才华和良好的家世，他步入了楚国的政坛，开始尝试将他的理念推广开来，他，就是楚武王之子屈瑕的后裔，芈姓，屈氏，名平，字原。

王公贵族的出身，决定了他并不需要为了温饱奔波挣扎，但是楚国混乱的政治局势和整个时代狼烟四起的外部环境，让他也并没有纨绔子弟只知享乐的矫情。相比于许多习惯了养尊处优的贵族来说，屈原更多地贴近了楚国百姓的生活。但是，总归出身名门，比起每天需要为了温饱挣扎的百姓来说，他还是有着更多的时间和机会，去学习和接触更高层次的理论和学术。

宽仁爱民的理念所带来的贤良名声，辅助以良好的家世，屈原很快步入了楚国的权力核心。他也并没有被纸醉金迷的生活所迷惑，依旧想要去实现和推广他的治国理念。同时，作为一个饱读典籍的士子，他对于文化本身也有着独特的见解和看法。并且，在他那篇奠定了自己在中国文化历史上重要地位的传世名作《离骚》之中，也将执政与自身的文学理念多次融合，仅"美"之一字，在《离骚》之中，就出现了多达十二次，并且，在最后一次甚至直接提出了"既莫足与为美政兮，吾将从彭咸之所居"。以至于后世，单独将屈原的执政理念，高度概括为"美政"。

所谓的美政，到底是一个什么样的具体概念，其中所有的当事人早已被厚厚的时光尘埃掩盖了，而通过流传下来的只言片语，却得以管中窥豹，略见端倪。从来，政治都没能与美好相关联过，因为古往今来，任何事物一旦开始受到政治的影响，都会或多或少地变了味道，因为从来不会有君王总怀着浪漫的情怀，而权力，也经常沾染上阴谋和鲜血的味道。这样一种体系，看起来，似乎是无论如何也无法和"美好"相融合的，毕竟，并不是所有的美好，都能得到满足欲望的快感和切实的利益。

从屈原最早期的执政理念和举措来看，他的美政，主要并不是在教化君王或者子民，如何通过各种渠道和手段获得短期利益。而是首先提出了君王应该以君子之标准，修身养性，君王自身，就要明白什么是美，什么是丑，何为君子，何为小人。并且通过妥善而系统的选拔机制，来让四方贤良云集辅佐，天下的百姓万种归心。通过一定的手段，树立审视美好的品德，以便于能够指引子民，驾驭国家。

在推行的过程中，首先就将特权阶级原本的优势和平民阶级的劣势缩小了。选拔体系通过律法的支持，进入到唯才是用的正轨之上。同时让任何当权者，都不能凭借自身的私欲，来影响和破坏整个执政体系的构架，让大部分拥有一技之长或良好品格、出众才能的士人，能够得到最为妥善的利用和安置。

其次，将百姓子民的温饱问题高度重视起来，通过满足百姓子民的生存欲望，来进一步获取到广大阶级的支持。同时，通过引导君王向善，来促进君臣之间的志向统一和方向一致，这个过程本身，就极为贴近于"以德治国"的理念。

通过妥善和完善的法律，高尚的君王和贤良的臣子，将原本并不融洽，甚至有些对立的法治理念和德治理念相结合，寻找一个两者最为契合的交点，从而达到屈原所一直呼唤和追求的和谐状态。从屈原在楚国为政的记载来看，他的美政，在被君王一定程度上的认可之下，也获得了一定程度的推广。其中有较为突出的六点，被后人高度概括为："奖励耕战、唯才是举、沟通君臣、束禁朋党、明定赏罚、抨击陋俗。"

然而，具备着如此美好愿望的执政理念，自然会触动大批既得利益者集团的利益。在混战不断的春秋战国时期，这样的"君子之治"极其难以在短期内就见到切实利益。对于君臣本身的德行，仅仅依靠着美好品德的约束，也难以迅速实现。

并不是每一个贵族都愿意去尝试思考到底什么才是"民本思想"，因为他们并不需要去考虑自己下一顿饭是不是有的吃。对于贵族来说，所谓的子民，就应该是心甘情愿、源源不断地奉献着一切，来供养着他们享受生活的工具。至于工具的想法，那又有什么可值得在意的呢？当然，工具的基本生存保障还是要有的，这是他们应该施舍给这些劳动者的。至于以工具的感受和思想来作为国家的根本，那真是极为可笑也令贵族老爷们嗤之以鼻。

况且，他们讨厌法律的约束，他们的祖上已经为这个国家做出了足够的贡献，他们的家世是如此高贵，又怎么能够是那些低贱的平民所能相比的呢？如果从平民中选拔官吏，与他们比肩而治，那简直就是一种莫大的耻辱。更何况，如此高贵的荣耀，又怎么可以用刻板的条框来匡正呢？

楚国之外的各路诸侯，他们也并不想真正的像美政之中所描述的那般，凭借着和谐美好的道德约束，实现整个民族与种族的大一统。毕竟谁也不能完全摒弃自己的私欲，就像天无二日、国无二主一样，这个天下，现在明显只需要一个主人，这个秩序的制订，不应该有那么多的声音。而至于制订的规则是不是足够美好，那显然并不如先获取了制订规则的权力这件事情来得更重要一些。

既然君子只能与君子相处，然而总归这个世界上还并不全是君子，如果自家先靠着道德的力量约束了自己，那么遇到了擅长运用阴谋诡计的权谋小人，显然也并不能只凭着意志和嘴皮子就让对方屈服和改正。很多时候，当别人的劝说并不能完全实现自己的目的时，还是锋利的武器和悍勇的士卒，来得更有效一些。毕竟，生命的重要性远远超过了尊严和品德，从来不会有人用品德来作为掌控局势的筹码，因为这个筹码远不如"服从或者死亡"更有执行力。

所以回过头来，一个残酷但又真实的结论就这样出现了：所谓的美政，不过是一场期望君臣圣贤、天下和谐的美好梦想，虽然具备了一定程度上的可执行性和相对于宽厚的民本主义，但是实际上，美政本身对于"人治"的过高要求，早已经决定了其最终结局，看似先进完美的宏伟愿景，只是永远难以实现的一场自欺欺人的梦呓罢了。

为什么功亏一篑？

屈原的行政改革，确实在一定程度上提升了国家的综合实力。毕竟获得民众支持和选拔贤良本身，结合了儒家处世与法家治国的优点和长处。早期的改革让楚国获得了清除积弊的空间和行政支持，民众的支持也相应地促进了生产力的发展和生产技术的革新与进步。但是，最终屈原的改革依旧以失败告终，其中固然有着以旧贵族为首的既得利益集团的阻挠和妨碍，也有着外部敌人暗中破坏和施压。但是，这场轰轰烈烈的政治改革之所以失败的根本原因，却并不仅仅如此。

真正成功的体系改革，并不仅仅是改革期间就带给国家以巨大的利益，而是改变了整个国家的前进轨道，并引导着国家机器向着更加有力的方向不断发展，即便改革者和领袖随着岁月的流逝已经死去，也不会因为缺乏一个优秀的舵手而导致整艘战舰搁浅触礁。完美的改革，是建立一个全新的、更加利于国家发展、更加适应局势，且具备着能够随着局势的改变自我调节和适应的体系。这其中，并不会因为某一个领导者个人意愿的变化、某一个外部势力的干扰和破坏而产生根本性的动摇。

而楚国在改革之初，确实因为人才上升的空间和渠道被司法系统打开，而拥聚了一批确实有真才实学的行政人才，而且以民为本的思想体系能够在早期激发子民的劳动欲望，使他们更加努力地为国家机器创造财富。但是，这场改革最大的弊端，也就此埋下了伏笔。

确实，儒家意识形态中的民本主义思想有着促进国家和谐与利于执政者管理的优势，但是儒家所提出的仁义之师，却对整个国家军队体系有着极高的要求。固然儒家思想并不是真的缺乏战斗意志，但是，对于形成战力所需的条件，在那个混乱的局势中，很难配备齐全。

缺乏一个能够迅速形成强劲军队的执政体系是最大的问题，就是在目前缺乏一个稳定秩序的春秋战国大环境之下，无法通过武力来威慑蠢蠢欲动的各方诸侯，进而在建设和生产的整个过程之中，给本国的子民带来切实的安全感。固然民心所向能够使国家具备极强的凝聚力，但是这个凝聚力转化为实际战斗力的过程，相对漫长。何况，即便敌国的子民也很向往和尊崇这样的仁政，但是在本国的高压统治之下，又有多少人能够为了所谓的仁义和理想，付出自己的生命？所以，即便是平日里所有的子民都对执政者很满意，当面对由强大暴力带来的生与死抉择之时，也无法能够保证，团结和整合出一支足够维持安全的铁血雄师。而在乱世之中，"舒适地活着"，是无法与"活着"相竞争的。

一个开放的选拔机制，确实能够给整个国家体系源源不断地输送新鲜血液。然而选拔机制本身，如果建立在一个依靠少部分优秀而开明公正"考官"来维系的基础之上，必定难以持久。并非仅仅是"考官"本身的生命是有一定限制的，而是一个真正合格的考官，是极其难以出现的。无法依靠人力，来成体系和成规模地培养考官，并且让这些考官都有着出色的才能和大公无私的品格，就如同"存天理，灭人欲"的口号，看似高高在上，然而却无法复制和推广。毕竟，天理虽然真的很好，但是又有多少人，可以真正地战胜自己的欲望？

屈原的改革固然给予了楚国一定程度上的国力提升，但是一个并没有深刻探究当前局势与自身理念是否能够妥善融合的执政者，对于一个国家来说，并不啻于一场灾难。并不是屈原为国为民的品格和忠诚需要否定，而是这样的作为本身，从实用价值角度来看，确实并没能彻底根治楚国，乃至于整个春秋战国社会体系的问题。而所有的改革之初，都是希望向着一个满足国家利益的角度步步前进，而屈原的这次改革，出发点和终点都已经选定，却忽视了前方的路上，不光有荆棘，也有着更多比荆棘更可怕的豺狼与深渊。

屈原面对的问题显然并不仅仅是其执政理念与现实局势本身的剧烈碰撞。他的改革和理念，虽然得到了时任统治者楚王的支持和认可，但是那并不是楚王认可了他全部的执政理念和思维，只是在楚王对于国家的规划中，这一步改革与他自身欲望的实现，基本重合。所以楚王虽然不是屈原设想中的合格帝王，但是在早期却给予了他一定意义上的权柄和支持。但是，屈原的另一个足以致命的错误就因此出现了。

屈原错误地将自己整个思想体系寄托在了楚王的信任和认可之上，却始终没有将自己的政治思想灌输到一个足以左右国家政坛的势力之上。他所有的权柄和概念，看似尊贵稳定，得到了君王的支持，但是实际上，就像他所提出的美政需要建立在一个足够高标准、甚至有些难以实现的平台之上一样，他最大的依托和支持，来自于一个思想境界并没有达到对应标准的帝王，并且，屈原认为楚王值得托付，然而，最后的结果表明，楚王并不是他要的那个人。

并不是楚王真的昏聩不堪，到了因几句谗言就能够将重臣贬黜的程度，也不是张仪等说客真的就能够翻手为云、覆手为雨，仅凭着三寸不烂之舌就让一个国家能够混乱倾覆。所有的说客都奉行着同样的一个定律：许以利益，诱导欺骗。能够让楚王反复中计的说客，能够让楚王一怒之下赶走屈原的佞臣，其实本质上是一样的，他们都给了楚王一个利益的选择，然后，屈原就阴差阳错地在各方势力的调整和判断之中，成为了那个被抛弃的选项。

当然，旧贵族的阻挠，在楚国整个改革过程中，也起到了至关重要的作用。屈原的执政理念，面对旧贵族阻挠之时，最大的失误就是选择依靠君王自身修养而不是选择依靠司法规则。他具备着一个浪漫主义诗人的美好情操，却忽视了他所并不愿意去触碰和驾驭的司法体系应该在这场变革中具备强大力量。虽然他的政法改革在一定意义上提出了具有宪令雏形的法度秩序，也希望通过这些司法程序和体系来限制迂腐的旧贵族权益，并且在国家层级上打开阶级变动的空间和渠道。但是，他却忽视了一点：楚王本身也没有完全脱离旧贵族利益集团，而自己的法令，却要求一个本身就处于既得利益受损阶级的势力代表来支持。

屈原的政治失败并不完全归咎于楚国昏暗的政治环境和君主的无能，也不能完全将失败的责任推到复杂的外交局势之上。只不过他的思想和理念，超越了当前国家的综合生产能力和国民思想素质，在一个不具备大一统条件的政治环境之下，始终追求完美的大一统形式。守旧贵族和所谓昏聩的君王，以及张仪之流的说客，也只不过是在这座空中楼阁的建造过程中，毫不留情地踹上了一脚而已。

任何体系的改变都需要强大的力量作为后盾，或武力、或体系，而将君王自身素养提高、国民思想境界上升这种完全无法控制的因素作为倚靠的力量，来进行改革和变法，失败是早已注定的结局。

理想主义的惨败？

屈原的美政在各方阻挠和自身内因的作用之下，最终失败。但屈原所开创的"香草美人"风格的浪漫主义文学，却在百家争鸣的先秦时期脱颖而出，并且在不断的提升和完善中，逐渐蜕变成了中国文学宝库之中最为瑰丽的一块美玉——楚辞。

后世多有叙论，浪漫美好的楚辞风格，也是屈原执政理念的一个缩影。他试图将美政和美文完整融合，让楚国从混乱的战争时期中脱颖而出，楚王也能够在不断地修行自我之中，成为功绩和德行可与三皇五帝相比肩的一代圣君。然而最终的结果，似乎并不尽如人意，理想主义的光辉，在屈原临江一跃之后黯淡了下来。

其实，并不是理想主义在这场楚国的改革之中失败了，也并不是说美好高尚的情怀在尔虞我诈的险恶现实面前毫无还手之力。我们常常愿以成败论英雄，屈原在政治上的失败，楚国在发展和战争中的失败，都被归咎于理想主义脱离现实，他们的失败，也就似乎成了理想主义的惨败。

对于屈原本身来说，他所追求的理想和目标，虽然并没有达成，他的理念和思想也没能给楚国带来一场天翻地覆的巨大改变，更遑论这位浪漫的政治家影响了整个时代。但是，实际上屈原在他并不漫长的一生之中，虽步履蹒跚，却始终向前，固然失败，又何曾失败？

一个革新者，想要在社会制度不被允许的范围之内，凭借着自己出众的才智和孜孜不悔的求索，一步步尝试着改变，坚持着初心，从未放弃过自己的理想，这个过程本身，就散发着刺目的光芒。即使失败，也不能完全掩盖这道光芒，又何尝不是一种悲壮的成功？

即便楚国最后没能抵挡住王翦的六十余万虎狼秦军，即便楚霸王项羽也落得乌江自刎的惨烈结局，但是他们所蕴藏的人格魅力和光辉，却令人瞠目结舌、扼腕叹息。从本质上来看，楚国以一国之力，试图抵挡时代的统一愿望，多少有些负隅顽抗、自不量力之嫌，而楚霸王项羽的失败，也常常被士子学者们指责，责其不擅识将，刚愎自用，意气用事。但是，也依旧有着"楚虽三户，亡秦必楚"的呐喊，在秦末回响；也有着"有志者，事竟成，破釜沉舟，百二秦关终属楚"的凯歌响彻中原；更有着"生当为人杰，死亦为鬼雄。至今思项羽，不肯过江东"的英雄豪气，让人自惭形秽。

并不是所有的失败都应该背负指责，也不是所有的成功就值得歌功颂德。我们习惯了以成败论英雄，并不是我们知道到底什么样的人才是英雄，而是当比我们自身力量更加强大的话语权者所引导和指引之时，我们处于对自我的保护，开始选择了听从胜利者的声音。

太多淋漓的鲜血告诉了一代又一代的子民们，忤逆手持刀剑者到底会是什么下场。自汉武大帝之时，董仲舒提出了"罢黜百家，独尊儒术"并得到帝王的认可和推广之后，似乎儒家思想渐渐成为了封建统治者最喜爱的思想体系。

曾几何时，儒家思想代表了真诚，道家思想诠释着真理，法家思想展示着真实。而为了让子民们更加便于统治，道家思想和法家体系一步步被悄然地边缘化了，而失去了真理和真实所支撑的真诚，就在这纷乱的世界中，蜕变成了伪善。

更多的思想体系在是非成败面前烟消云散，自古以来都要由胜利者书写历史，失败就是失败，成功就是成功，非此即彼的判定看似与真实、真理更近一步，实际上，却又何尝不是将思想的翅膀，折断在了权力的囚笼！任何勇于展开翅膀的异类，都要在这个坚硬如铁的囚笼上，碰得头破血流、铩羽而归。

屈原的改革失败了，楚国最终灭亡了。我们称之为失败，因为，最后手握百万雄师的秦始皇帝嬴政，可以良将劲弩守要害之地，信臣精卒陈利兵而谁何，狂妄粗野的胡人尚且不敢南下牧马，习惯了承认理想主义失败的士人，又怎么能有勇气弯弓而抱怨呢？

项羽的战斗结束了，刘邦登上了权力的巅峰。我们批评这位霸王的战术战略及行政用人上的失败，并不是因为刘邦真的就比项羽更具备人格魅力，可以让士子们不遗余力地朝拜和推崇，一个敢于用士子帽子当做夜壶的天子，之所以能够最终成为汉文化的维护者和大功臣，与这位君王掌握着随时听令的百万大军，不无关系。

事实就是这么残酷，所谓不符合现实形势的理想都是空中楼阁，这样的说辞贯穿在几千年的历史之中，让一批又一批的士子侠士始终没能迈出冲破人心之囚笼的一步，如此看来，才真正是理想主义的惨败罢！

当屈原选择了投江一跃之时，他的人性光芒足以刺破数千年厚重的时光，让我们至今看来依旧心怀敬畏，并不是所有人都有勇气去追寻梦想，也不是这场为了追寻梦想的征途完全失败了。至少，楚国曾经在他的引导之下，迈出了走向盛世的一小步，至少，浪漫而高洁的楚辞，影响了一代又一代的人民。楚国虽然灭亡了，屈原虽然早已死去，但是他的理想主义，在这无所畏惧的勇气支撑之下，依旧前行着，挣扎着，向着他所描述的光明，眺望着。

改革失败了，但是理想并没有死去，虽然美政本身的局限和多方因素的干扰，让这场轰轰烈烈的征程无疾而终，但是至少有一点值得珍惜，那就是屈原的理想，能够成为鞭策后人的利剑，始终如同闪亮的剑脊一般，照出世间苍生百态。

滔滔的江水能够冲淡呛鼻的血腥味，滚滚的时光也能让山河褪色，然而在这浩浩荡荡的洪流之中，总会有一些逆流而上的狂妄天才，站在风口浪尖之上，一边擦拭着鲜血淋漓的伤口，一边纵情地高呼着理想不死，一边奋力舒展着已经被现实摧残的筋折骨断的翅膀，一边在人心世态的狂风暴雨中，肆意翱翔。

楚国到底错在哪?

公元前 334 年，楚威王年间，楚国令尹昭阳，率部攻打越国，击溃越军主力，杀死越王无疆，兴化（今江苏泰安附近）一带纳入楚国版图，春秋时期曾经震慑群雄的越国，就此分崩离析，再无复兴之力。公元前 328 年，楚怀王熊槐继位。经过了其先辈三代君王楚肃王、楚宣王、楚威王近六十余年的建设和发展，楚国渐渐从当年吴国的打击和伤痛之中挣扎起身，休养生息，逐渐恢复了部分元气。一个拥地广袤、物产丰富、战力精锐的强大楚国再一次复苏了,逐渐形成了齐楚秦三国鼎立的新局面。

公元前 323 年,昭阳率领楚国主力,在襄陵(今河南睢县一带)与魏国爆发了激烈的战争。魏军战败,失地八城,楚国声威大震。楚怀王为了表彰昭阳的战功,将楚国传国之宝和氏璧赏赐给了这位能征善战的勇猛老将。

楚国在连续的数次对外战争中都取得了较为理想的战果,国力迅速增长。拥有实力自然就会有更高要求的欲望,楚怀王凭借着楚国强大的战力和愈发繁荣的经济,开始谋求新的霸主地位。公元前 319 年,已经无力再与楚国争夺中原诸侯领袖地位的齐国偃旗息鼓,经过一连串的外交斡旋和说客之间的明争暗斗之后,魏惠王和韩宣惠王同时表示愿意奉楚国为主。并且,魏国派出使者,暗示楚国:强秦咄咄逼人,不允许魏国加入楚国联盟,身为诸侯领袖,楚国应担当大义,联合攻秦。而魏、韩等国,必将鼎力跟随,出兵协助。

很快,楚怀王就认可了魏、韩等国的建议,说客张仪四处碰壁,而另一位游宦各国的名士公孙衍则如鱼得水,在各大国之间辗转腾挪,颇有几分登高一呼、诸侯响应的架势。很快,楚、齐、赵、魏、燕、义渠七国组成了一个强大的军事联盟,开始谋求讨伐和惩治野蛮而强大的秦国。

公元前 318 年,各路诸侯共同推举楚国为纵长(合纵领袖),从多个方向开始了对秦国的军事讨伐。一时间,楚国声威大震,楚怀王意气风发,指点江山,谈笑中原。秦国在巨大的军事压力面前,采取了分化妥协、瓦解击败等各种手段。楚国虽然是名义上的合纵领袖,国力强大,士气高昂,但是,无论是发起合纵的政客,还是最终到征战前线的将帅,都忽略了一个非常重要的问题，利益分配与损失承担。

秦国纵然强大，但是显然并没有足够的实力能够以一国之力抵抗多国联盟，何况楚、齐等传统强国的实力虽然稍逊，但也并没有被拉开到绝对碾压的程度。强大的联盟在形成之初，尚且具备同仇敌忾的凝聚力和与虎狼秦军殊死一搏的血气之勇。然而，秦国的应对极其巧妙，充分地利用了诸侯君主之间，心思不一，各国实力良莠不齐的客观状况，同时用各种各样的利益和外交手段，将人性之中的弱点挖掘得淋漓尽致。

就这样，在秦军强大的战力威胁和政客的辗转游说之下，合纵联盟内部的种种问题逐渐暴露。各怀鬼胎的诸侯们谁也不想拼尽本国的力量、流干自家的鲜血给别人做了嫁衣。连消带打之下，秦国竟然顶住了诸侯联军的强大压力，并且逐步分裂了诸侯联盟。

联盟分裂之下，正如贾谊所言，"秦人开关延敌，九国之师，逡巡而不敢进，秦无亡矢遗镞之费，而天下诸侯已困矣。于是从散约败，争割地而赂秦。秦有余力而制其弊，追亡逐北，伏尸百万，流血漂橹；因利乘便，宰割天下，分裂山河。强国请服，弱国入朝。"

一个破裂的联盟显然不再需要一个领袖了，因为楚怀王也并没有打算拿出楚国的家底跟秦军拼到鱼死网破、两败俱伤。身为联盟中实力最为强大的话语权者尚且如此，更何况是国力相对楚国更加弱小的其他诸侯。于是，这场以楚国为首的合纵攻秦，就这样诡异而却又理所应当地结束了。

合纵攻秦失败之后，齐国也开始谋求恢复当年的荣耀和地位，厚实的家底让齐国并不费力地就追赶上了楚国和秦国的脚步。于是，整个中原战场，形成了齐占东、秦据西、楚治南的三足鼎立之势。其中秦国的实力最强，仍旧保持着对各路诸侯的压制；国力稍逊的楚国和齐国，为了保证生存空间和权益，结成了攻守同盟，在尽可能地保障本国利益的情况之下，对抗着强大的秦国。

公元前 313 年，齐楚联军西进，攻陷秦地曲沃，秦国开始意识到了目前本国面临的最大问题。屈原在楚国的改革得到了有着雄心壮志的楚怀王的支持，其国力和凝聚力稳步提高，同时，齐国也感受到了来自于盟友的危机，不动声色，偃旗息鼓。

楚怀王虽然没能率领天下诸侯，一鼓作气地带给秦国以毁灭性的打击，但是他并没有仔细总结合纵联盟之所以会失败的本质原因。而当齐楚联军击败了虎狼秦国，攻陷曲沃，斩断了秦国东进的触角之后，他似乎又一次看到了称霸天下、呼风唤雨的机会。看来，秦国并没有想象中那样强大，楚国内修吏治、外战强秦，国际地位蒸蒸日上，而当年令所有诸侯都畏之如虎、不可战胜的秦军似乎也无法阻挡强大的楚军了。至于那个跟班出力的齐国，也只是躺在前人厚实家底上的一群可怜虫罢了。

楚怀王有些飘飘然了，他开始觉得楚国已经足够强大了，屈原的政治改革所带来的强大国力，让他越发有了底气。虽然屈原在很多时候都会带着一股士大夫的书卷气，令他有些不快，但是，至少，屈原对于自己、对于国家，还是极其忠诚的。

然而看似强大的楚国在不久之后犯下了一个致命的错误：听信张仪的游说，断绝了和齐国的联盟关系。随后发现被张仪玩弄口舌所欺骗的楚怀王，希望凭借日渐强盛的军力，来给这群背信弃义的秦国奸徒一个难忘的教训。

　　于是，已经失去了齐国支援的楚国悍然出兵，秦楚两国在丹阳（今河南西峡、淅川一带）展开血战。秦国以魏章、樗里疾、甘茂等名将率兵出击，并用离间之计分化了楚国部队将领。内讧不断、调配失调的楚军，面对上下一心、杀气腾腾的虎狼秦师，一败涂地，七十余位楚军将领或被俘，或战死，八万余楚军兵士，魂断异乡，命丧沙场。秦军乘胜追击，攻破楚国汉中，占领楚地六百余里，设汉中郡。

　　楚怀王的愤怒并没有因一场惨烈的失败而平息，显然，他并不甘心如此强大的楚国就这样失败，并没有认真和客观地分析两国之间实力之差的楚怀王再一次愤然而起，动员全国，与秦国部队在蓝田（今陕西蓝田西，一说今湖北钟祥西北）展开厮杀。然而早已军心动摇、士气低落的楚国部队并不是秦军的对手，秦楚丹阳之战时，那血淋淋的八万斩首，让楚国人早已失去了拼死一搏的血气之勇。结果，楚军再一次遭到惨烈的重创，而当初曾经对楚国毕恭毕敬的魏、韩两国，终于撕下了盟友的面具，起兵伐楚。

　　盟友的反戈一击和秦军血腥的杀戮终于让楚怀王清醒过来，他终于明白了秦国为什么能够仅凭一句"哪国攻秦就灭掉哪国"的狠话就震慑住诸侯联军。虎狼之秦，锐不可当，于是，楚国开始向齐国求援，希望能够重整旗鼓，联合出击，将这群只知杀戮的河西猛兽驱赶出去。然而，齐国拒绝了。

　　内交外困之下，楚怀王只得割地赔款，赔上了两座重镇，请求与秦国再次修好。

　　　　怀王怒，大兴师伐秦。秦发兵击之，大破楚师於丹、淅，
　　　　（索隐二水名。谓於丹水之北，淅水之南。丹水、淅水皆县名，

在弘农，所谓丹阳、浙。）斩首八万，虏楚将屈匄，遂取楚之汉中地。怀王乃悉发国中兵以深入击秦，战於蓝田。魏闻之，袭楚至邓。楚兵惧，自秦归。而齐竟怒不救楚，楚大困。

——《史记》

痛定思痛，楚国舔砥伤口的时候发现，原来秦国是如此可怕，而盟友是如此不可靠。屈原理念中的美好以及各国王侯之间的君子情怀，在尔虞我诈的明征暗战中，显得那样苍白无力。所谓的仁义美政，又怎么比得上说客寥寥几语，所谓的修德民本，又怎么比得上严刑峻法、全民耕战。

连续的对外作战失败和国内越来越混乱的政治局势，让屈原和楚国都丢失了自己的方向。切实的战败让国内政坛守旧派和传统贵族开始有了质疑改革的声音，而楚怀王自己也开始怀疑，是不是自己倚仗的重臣屈原，并不能真的让楚国强大起来。

内交外困之下的楚国艰难地喘息着，当质疑和污蔑已经足够多，而君王心中又有了裂痕之时，身为改革派代表的屈原，首当其冲面临质疑。一力提倡美政修德的对内改革，除了给楚国带来了勃勃生机之外，也给屈原带来了各方既得利益受损集团的仇恨和中伤。楚怀王虽然上了张仪的恶当，但是却并没有觉得张仪是一个违背契约精神的小人，反而极为欣赏这个能够谈笑间就翻云覆雨、搅弄风云的政客。虽然他的欺骗让楚国损失惨重，但是，这样的谋略，是多么的高超！

显然，楚怀王不再觉得屈原所提出的修身养性、德比三皇是很有道理的了。君子除了说起来好听之外，似乎没有什么真正的利益。而阴谋诡辩，才是真实有用的。既然张仪可以欺骗楚国，那么，楚国的说客，也应该能够欺骗其他国家。至于德行品格，那又有什么价值呢？

　　维系屈原执政理念的帝王认可就这样被动摇了。楚怀王并没有觉得被利益引诱而中了敌人的圈套是多么值得羞耻的，反而，他很欣赏圈套的布置者，这样的人才，这样的智谋，才是富国强兵之道。至于那个整天口中念叨着情怀和美玉的屈原，还是用他来转移一下战败带来的政治关注罢！

　　于是，出于团结和利用守旧贵族力量的目的，不再信任屈原理念的楚怀王，听到了他需要听到的汇报：屈原专政揽权，似有不臣之心！

　　就这样，已经初具成效的屈原改革就此终结了，楚怀王将这个整天要求君王自我约束的呆书生赶走流放了。

　　公元前299年，秦楚相约会面。屈原似乎看出了此次怀王出访会有劫难，于是力劝怀王不要赴会。然而怀王幼子却担心秦国一怒攻楚，于是反复撺掇自己的父亲前去赴会。结果，秦王丝毫不在意什么礼法仁义，竟然派遣军队，将前来赴会的楚怀王悍然扣留，并押往咸阳，逼迫楚怀王下令，割让巫郡和黔中。

　　但是，一直糊里糊涂的楚怀王熊槐，在涉及到国家利益的大是大非面前，一扫颓废，宁死不从。而且，楚国国内政局也发生了天翻地覆的变化：新君登位，号楚顷襄王。如此一来，被扣留的楚怀王，也就失去了相对应的政治利用价值。

　　不肯割让土地的楚国处于皇权交替的混乱时期，秦国决定趁机发兵，不能通过外交手段谋求到的利益，那么只好用刀剑亲自去取了。秦军大兵压境，大败楚军，五万余楚国将士，再一次为统治阶级的昏庸，献出了生命。十六座城池，被楚国新君顷襄王交付出去，用以平息秦王的怒火。

他的父亲楚怀王宁死也没有答应交出去的土地，就这样被儿子献了出去。中原诸侯除了对秦国扣押楚怀王的行为表示了一致谴责，并没有什么进一步的作为。而早已厌烦了屈原的顷襄王不想再继续听从他的建议，将其再次流放。

公元前293年，一场极其惨烈的战争让全天下认识了一位秦国将领。秦韩伊阙之战中，几十万韩、魏联军被一个名不见经传的年轻人击溃。相传秦相魏冉曾在朝堂之上，甘愿以军令状作保，推荐此人。而这位青年将军，果然也不负众望，以少胜多，在伊阙之战中，力挫联军。并且，斩首敌军二十四万之众，一时间，天下震惊，诸侯惊恐。这位年轻将军，就此拉开了战国时代最为血腥的杀戮序幕，他，叫白起。

面对咄咄逼人的秦国，楚国新君顷襄王胆战心惊，妥协退让。然而秦国并没有轻易满足。公元前280年，秦将司马错率军伐楚，楚军败退，割让上庸、汉北。公元前279年，白起再领精兵，攻取邪、邓、西陵。公元前278年，势不可挡的秦军在白起的率领之下，千里奔袭，攻破楚都郢城，焚烧楚国先王陵寝。楚顷襄王带领权臣贵族，狼狈出逃，自此，楚国一蹶不振。

流放在外的屈原得知了楚国郢都被破，历代先王陵寝被焚的消息之后，悲痛欲绝，于当年农历五月初五，在汨罗江畔，纵身一跃，选择了用生命为理想和信仰殉葬。楚地百姓，为防江中鱼类破坏其尸身，划龙舟，掷江米，祭奠英灵。后世，称端午节。

一个强盛的楚国就此走向了覆灭的边缘，几代君王呕心沥血奠定的王朝从此衰亡到无力复兴，数十万楚地军民用鲜血和生命小心浇灌而起的希望，伴随着皇室陵寝熊熊燃烧的烈火，灰飞烟灭。其实，不能怪张仪狡诈背信，也不必怪楚怀王利令智昏。屈原用生命，奏响了足以撼动历史的哀歌，他，又有什么错呢？

楚国数代君王奠定的雄厚家底，在楚怀王一代损失殆尽，并不是纷繁混乱的说客帝国太过强大，也不是楚国所有的官员都混吃等死。只不过，一场令人叹息的宏大变革，被一个品行高洁的士大夫寄托在了一个唯利益至上的君王身上，原本就并不同路的两人，从一开始，就都错误地认可了对方，并且一步步互相给对方的梦想，泼了一盆冷水。

更可怕的是，这两个从根本上就绝难以相融的追梦者，成为了一个帝国的领袖人物，两人思维模式和意识形态上的激烈碰撞，被手中掌握的权力无限扩大，并且在内外各方势力的推波助澜之下，愈演愈烈，最终，形成了一场足够击沉帝国巨舰的狂风暴雨，让众志成城、甘心风险的乘船民众，也伴随着国家的沉没，陷入了万劫不复的黑暗深渊。

或许楚怀王并没有做错太多，他的思想境界更切合当时的社会现实。但掩卷长思，似乎楚怀王又犯下了各种各样愚蠢的错误，这并非是他的本意，他唯一的错误就是将自己的才能估计过高，将复杂局势估计过低，而他所处的地位，却注定了，他需要背负无法挪动的沉重耻辱。当他在生死之间，能够毅然选择保护国家的利益那一刻起，他，就无愧为一个帝王。

或许屈原做错了太多，他的执政理念和思路并不适应于当时的现实局势，但是，他唯一做对的，就是用一生，来坚持自己的理想和信仰，为那心中勾画的美好盛世，万死不辞。从他纵身滔滔汨罗的那一瞬间，这位英雄，虽败犹荣。

纵横捭阖，天下为局众皆子——张 仪

　　他是《史记》中为数不多的几个被错误记述了年代和生平的重臣，后人总习惯于将他与苏秦相提并论，然而，他的理念和思路，显然是站在合纵的对立面上。于是，在那个波澜壮阔的时代里，翻手为云，覆手为雨。谈笑之间，掀起腥风血雨，三寸之舌，平息铁马金戈。一怒而诸侯惧，安居而天下熄。芸芸苍生，皆是棋子，王侯将相，股掌之间。他，就是将阴阳捭阖之道运用到极致的外交典范——张仪。

和苏秦到底是什么关系？

翻开《史记》，总能从字里行间中，感受到那个峰峦迭起、波澜壮阔的瑰丽时代。英雄造时势，还是时势造英雄，从来也没人说得清楚。在那个征战不断的春秋战国时代，更是无法论证。因为，在这段时期里，英雄太多，时光太短。

公元 1951 年，中国湖南长沙东郊，浏阳河畔。

曾任中国科学院考古研究所所长、同时获得英、德、美等多国最高学术研究机构院士资格认可的，被称为"七国院士"的夏鼐先生，在长沙东郊五里牌附近调研，判定这片不起眼的土丘下，应有汉代墓葬。限于技术条件和多方因素，未能进一步探索。

二十年过去了。

为响应"战备"号召，湖南省军区 366 医院按规划预备在此地附近两个山坡修建地下防空医院。钢钎钻探时，有不明成分呛鼻气体溢出，点燃呈幽蓝色。从来敬畏鬼神的国人，决定将此情况上报，《湖南省志·文物志》主编、湖南省博物馆副馆长侯良率先收到消息，并肯定了夏鼐当年的判断，迅速上报相关部门，并开始疏导当地群众。

1971 年 12 月 30 日，汉代墓葬区域探索申请报告提交国务院，两周以后，1972 年 1 月 14 日，报告获得国务院发文批准。长沙市部分大学学子、当地卫戍部队、考古队以及湖南省博物馆相关研究人员，开始着手挖掘。通过一个约 17 米深的盗洞之后，发现古代墓葬常用材料白膏泥，继续挖掘后，发现了举世闻名的汉代墓葬群——马王堆。

在马王堆第三号墓葬区，发现了珍贵的文献资料。经过研究整理，成三部、二十七章，定名《战国纵横家书》。此书的内容，引发了一场对《史记·张仪列传》所记载史料的巨大争论。并且，得出了一个近乎颠覆性的结论：盛传的苏秦提携张仪入秦之事，竟为虚构。

> 苏秦已说赵王而得相约从亲，然恐秦之攻诸侯，败约後负，念莫可使用於秦者，乃使人微感张仪曰："子始与苏秦善，今秦已当路，子何不往游，以求通子之原？"张仪於是之赵，上谒求见苏秦。苏秦乃诫门下人不为通，又使不得去者数日。已而见之，坐之堂下，赐仆妾之食。因而数让之曰："以子之材能，乃自令困辱至此。吾宁不能言而富贵子，子不足收也。"谢去之。张仪之来也，自以为故人，求益，反见辱，怒，念诸侯莫可事，独秦能苦赵，乃遂入秦。
>
> ——《史记》

乍一看来，苏秦的良苦用心和张仪的幡然醒悟，让后来这两位几乎凭借着一己之力改变了中国历史进程的政客，以一种极其戏剧化和极具故事性的形象被后人津津乐道，然而，翻开出土文献，却可以看到，苏秦的年代在张仪之后，即燕昭王的时代。与张仪的连横同时对峙的为犀首，即公孙衍。

从中国历史年代的考证和资料中，苏秦真正发迹的时期，以秦国君王为时间标准来看，应为秦昭襄王时期，而张仪，则主要在秦惠文王时期活跃于政坛。也就是说，张仪在政坛上崭露头角之时，苏秦及其所处时期的秦国君王，还没有出生。

也就是说，苏秦激怒张仪入秦这件事，从时间上来看是缺乏史料支持的。太史公司马迁的春秋笔法之下，苏秦成为了一个心机深沉、运筹帷幄、为天下大计而处心积虑的出色外交家。而张仪，则成为了一个善动唇舌、性格诡诈的政治说客。

从苏秦所提倡的合纵事业上来看，《史记》中对于整个事件的描述也出现了罕见的前后矛盾，难以自圆其说。即便匆匆逝去的时间遮住了历史的真相，然而利益却应是永恒的。明知张仪有大才，且明知张仪所提倡的外交策略是以连横为中心思想，苏秦又怎么可能处心积虑地设计出将一个与自己计划完全相悖的人才，暗中安排送往强大敌国来破坏自己的计划呢？

如此一来，张仪和苏秦，被太史公和后世文人以感情色彩捏合在了一起，毕竟两人都是站在了纵横理论巅峰的杰出谋臣。他们两人在各自的外交领域，都发挥了足以改变历史的强大作用，这确实毋庸置疑。但若是真正严格地从存世文献和出土文物等对应资料来分析，张仪与苏秦，绝非是《史记》中如小说般笔法所记述的那般，苏秦提携了张仪。历史的真相，则应是张仪所处年代，几乎比苏秦要早了二十余年。所以，真正提携了张仪的，必定不会是苏秦。

至于苏秦与张仪到底是怎么样的关系，其实可以完全以一言以概括之：一对处于相近时代的，具有同样执政思路，却选择了不同君主的纵横家。

寄托了太史公情怀的苏秦，成为了一个真正的贤者，即便遇刺而死，也能够用自己的生命再调戏一次各路诸侯，而张仪，却成为了太史公等文人，以自己的情怀所寄托的光辉形象设计出的对手，狡诈阴诡，出尔反尔。

实际上，他们两人的身上，维系着太史公的希望与梦想，也承担着太史公的悲伤和苦闷，于是，这对实际上并没有太多交集的两位智者，就这样站在了时代的巅峰，在各自的战场上，搅动风云。

> 苏秦，战国时东周洛阳（今河南洛阳东）人，字季子。自称"进取之臣"，"以不复其常为进者"（《战国纵横家书》五）。早年游说诸侯。后为燕昭王亲信，受命使齐，从事反间活动，使齐疲于对外战争，以造成"弱燕敌强齐"的形势。齐湣王末年任齐相，劝湣王勿与秦称东西帝，使秦亦废帝号。与赵奉阳君李兑共同约燕、齐、韩、赵、魏五国合纵攻秦。赵封为武安君。秦因而归还所夺魏地温（今河南温县西南）、轵（今河南济源市南）、高平（今河南济源市西一南），归还所夺赵地王公、符逾。后燕将乐毅大举攻齐，其反间活动暴露，被车裂而死。《汉书·艺文志》纵横家类着录《苏子》三十一篇，佚。帛书《战国纵横家书》保存其书信和游说辞十六章。《战国策》和《史记·苏秦列传》所记年代及事迹紊乱，仅可参考。
>
> ——《中国历史大辞典·苏秦条目》

合纵究竟为何败给连横？

所谓合纵，本质就是联合弱小的势力，对抗一个强大的势力；所谓连横，就是强大的势力通过一定的手段，拉拢一个有价值的盟友，防止自己被孤立的同时，也起到了分裂准备联合起来打击本方的外交手段。连横与合纵根本毫无对错是非之分，即便是连横，在强国联合弱国的时候，也会存在一段两国相当协调的外交蜜月期；即便是合纵，实际上在真正成功之后，联盟中最为强大的、或者说对抗中获利最多的诸侯国，也会成为下一个被合纵战术打击的新目标。

战国年间，一旦提起连横，就总会不由自主地首先想起秦国，这个具备着强大实力和勃勃野心的西方诸侯，经常成为合纵联盟的打击对象。而提起合纵，则总会与一些看起来国力较弱、战力不足的小国联系起来。

春秋战国年间，合纵连横的外交手段，受到了极为有力的推崇，而实际上，两者唯一的区别，就是合纵之术，合众弱以攻一强，而连横，则是侍一强以攻众弱。从最终的结果看来，显然连横中的侍奉一强的小国，虽然可以跟随着大国的脚步占到一些便宜，但是最终却也难免被大国吞并，而且，在战争中，依附者极有可能被大国当做炮灰，首先抛弃。而合纵，显然更加平和，集中一切可团结的力量，先保证弱小国家的生存，抵抗强国兼并，到了最后洗牌的时候，弱小国家也不见得没有一搏之力。看来，合纵应比连横更加容易得到诸侯的认可，但是最终，采用连横战术的秦国却笑到了最后，这其中，到底有着怎么样的玄机？

其实，无论是合纵还是连横，两者的思想核心，都是需要驾驭或树立出"一强"的。不同的是，连横中的一强，是所有人的敌人，就像强大的秦国，始终是悬挂在各路诸侯头顶的一把利剑。而合纵中的一强，却是弱国加以利用的平台。

东方诸侯在历代纵横家的奔走游说之下，累计发起了四次合纵攻秦、一次合纵伐齐的宏大战争。公元前287年，齐国出兵灭宋，引发了各路诸侯对于这个一直蛰伏在强秦阴影背后的东方诸侯国强烈恐惧。毕竟，虽然秦人凶狠善战，但是有一点让各路诸侯还是比较放心：因为地理原因，秦国如果东进，只有两条主要通道，而这两条通道上，北方为彪悍善战的韩、魏、赵三国，南方则是强大的楚国。有这几国为屏障，虽然强秦如狼似虎的军队依旧让人不寒而栗，但是至少，一旦秦军东进，各国尚有缓冲的空间和余地。而齐国则与秦国正好相反，一旦齐国的强盛不可遏制，那么其所处的优越地理位置，将为齐军各个方向出击都提供交通便利。虽然齐国已经不再如管仲、桓公时期那般强大得令人敬畏，但是破船尚有三根钉，厚实的家底可以让这个东方诸侯，迅速地成长和膨胀起来。

凭借着丰饶富裕的领地、混乱不堪的局势，齐国连续展开了多次对外扩张作战，既有合纵联军共同攻秦的所谓"堂堂之战"，也有出于本国私利的吞并战争。愈发强大的齐国从一个固守国土、人缘极佳的领袖大国，渐渐变成了一个和强秦没有什么区别的虎狼之地。好战喜功的齐闵王（亦称齐湣王、齐愍王）不断地利用大国地位，渗透诸侯，干预别国内政，并且毫无节制地发起侵略战争，开疆拓土，自命一代圣君，号称"东帝"。（秦曾号称西帝）

齐国四通八达的交通环境和发达的商业成为了这个东方诸侯国扩张野心的基础。比秦国更让东方诸侯们恐惧的是：齐国可以轻而易举地从很多个方向袭击他们的要害之地，甚至完全有可能联合西方的秦国，两面夹击，覆灭小国。而且，秦国似乎对齐国咄咄逼人的态度有所隐忍，并不想轻易与齐国真正交火，反而露出了几分愿与齐国共同瓜分天下的意思。

这样一来，处于南部的楚国和北方诸侯都感觉到了巨大的危机，如芒在背。一个过于强大、且野心勃勃的东方诸侯，显然不符合各个利益集团的要求。强大的秦国可以被东方诸侯设定为一个需要共同抵抗的假想敌，而如果这个强大的假想敌变成了两个，那么看起来，除了附庸其中一方之外，对于国力相对弱小的诸侯来说，也没有更好的选择了。而成为强国附庸，失去的显然并不仅仅是战略上的主动性，国家的行政体系的自主权、军队的控制、国家的财富等，都极有可能成为大国博弈之间，随意抛弃的棋子。

没有一个诸侯想要成为弃子，再弱小的国家也希望自己至少能够保证基业的传承。而现在，齐国的崛起让所有的诸侯都警惕起来，因为齐、秦两国虽然各据一方，但是一旦两国明里暗里达成了什么政治或军事联盟协议，那么，其他小国的灭国之祸就在眼前。

于是，一个虽然可怕但是至少还令诸侯们有缓冲空间和幻想的秦国就被诸侯们放在了其次，一个正在膨胀而且缺乏有自控能力君王的齐国则被诸侯们认定成了合纵应该予以打击的对象。公元前284年，在燕国的串联之下，秦、韩、赵、魏等国组成军事联盟，开始共同打击齐国，战争爆发之后不久，楚国也趁火打劫。楚国虽然在战争后期加入了齐国阵营，但是却暗怀鬼胎，只想瓜分齐国，而并非真心相救。一时间，齐国压力陡增。先前四通八达的地理优势，在防守端成了漏洞百出、令本军疲于奔命的致命弱点，更何况，齐军的战斗力显然不足以抵抗多国联军，甚至在联军阵营发起攻击之后，拖一国同归于尽，都很难做到。

缺乏了足以从联军中拼死毁灭其中一国的实力震慑，又没有函谷关天险的齐国，面对合纵联军，兵力捉襟见肘，不久就一败涂地。燕军大将乐毅率领联军二十余万，在济水以西（今山东高唐、聊城一带）与齐军主力发生激战，齐军将士早已对多年的征战疲惫不堪，斗志不足，而齐闵王却下令以征战在外将士的家属生命和祖坟为要挟，希望部队可以拼死作战。然而，如此作为，除了加速齐军溃败以外，并没有起到任何鼓舞士气的作用。济西之战，齐军主力一溃千里，乐毅连战连胜，一路攻城掠地，并且谢绝了诸侯联军协助作战的请求，亲率燕军，穷追猛打，不断追歼齐军有生力量，并且同时减轻占领区的赋税，收买人心。

最终，齐国七十余座城池被攻破，但乐毅却没能实现他全部的战略目标，乐毅被调回，齐军勉强击退了燕军，好歹保住了国家一丝元气。好大喜功、穷兵黩武的齐闵王，最终生命为自己错误的政治和外交决策埋单。之后各方博弈势力的协调和明争暗战，总算让齐国还能够有资格成为一个国家，而不是灭亡。不过经此一役，齐国再也没有资格成为合纵战略打击的"假想敌"了，毕竟从能够决定他国生死，到只能仰人鼻息勉强维持，落差极大，也不会再有诸侯，去关注一个注定破落失败的弱者了。

齐国在合纵战术的打击之下一蹶不振，参与此次联盟攻齐的各路联军也都或多或少地实现了当初各自参战的目标，从合纵理论上来说，这是一次非常成功的"联众弱以攻一强"的战略。由此可见，合纵之术，确实有其独特的存在价值，让大家又一次回到了牌桌上，开始一轮新的博弈。

乍一看来，合纵战术是非常适合国力相对几大强国来说比较弱小的诸侯所采用的，而且，战国中后期，整体局势日趋明朗，几个超级强国早已成型，弱小的诸侯如果想要在大国夹缝中生存并发展壮大，从而扭转被吞并的命运的话，看起来合纵战术绝对可行，而且具备相当意义。然而，整个战国年间，大规模的合纵战略，总共只有五次，其中，四次攻秦，第一次为公孙衍倡导、楚怀王主盟的楚、魏、韩、赵、燕五国攻秦之战（前318年），第二次为孟尝君倡导、齐闵王主盟的齐、魏、韩三国攻秦之战（前296年），第三次为信陵君倡导的魏、赵、楚、韩、燕五国攻秦之战（前247年），第四次是赵国将军庞煖倡导的赵、楚、燕、魏四国攻秦之战（前241年）。而一次伐齐，即前286年，燕、韩、赵、魏、秦五国合纵攻打齐国，齐国几乎灭亡。

然而从最终的结果来看，多次针对于秦国的合纵攻击，却始终没能遏制住秦国最终一统天下的势头，只有齐国实实在在地倒在了合纵的强劲火力之下。如此看来，采用连横策略的秦国才是最终的胜利者，虽然合纵战术的存在价值、意义以及最终战略目标，看起来都比连横之术更加符合诸侯利益，但是，到底为什么采用连横术的秦国能够战胜采用合纵术的列强呢？

无他，格局罢了。

并不是合纵战术本身具备的策略性逊色于连横之计，而是合纵战术对每一位参与其中的君王的视野和格局都有着相当高的要求。一个联盟，每一个成员都盘算着如何将自己的短期利益最大化，而不是优先取得联盟整体上的战略胜势，是合纵之术相对连横计策最为致命的短板。

并不是每一个国家都有着宏大的目标和理想，自身弱小的基础国力决定了一部分君王不会把争锋天下当作自己和国家的目标，他们只需要得到一些短期利益，让国家至少比现在处于更有利的位置上，就已经足够，至于所谓的传承和未来，还是交给将来吧。合纵对于盟友的要求看似简单，但是实际上受限于各国不同层次的国力和不相同的地理位置等因素，就注定了联盟中必定有些成员在短期内处于一个不利的状态。而且，数次合纵，作为发起合纵的倡导者和联盟主导权掌控人，其格局也相对并不尽如人意，并不能在实现整体目标的同时，也给予遭受损失的盟友以合理的利益补偿。数次合纵攻秦，不能完全将失败的原因仅仅归咎于联盟参与者各怀鬼胎、阳奉阴违，始终缺乏一个合理的战利品分配者，就注定了联盟自身的不稳定。

而乱世之中，每一个诸侯王都明白，无论最终的结果是什么，总之这个世界都会进入到一个全新的形态，类似于周王朝那般各路诸侯各据一方、自立门户的形态一定会崩塌，如此一来，既然本国的基础看起来绝对难以成为整个天下的掌控者，那么什么长远之计且就放放吧，还不如就此先让别的诸侯做做炮灰，给自己谋求一些眼前实在的利益。

春秋时期由于各方势力的家底不同，差距虽然也很明显，但是看起来并不见得会出现颠覆性的巨大社会变革。而随着时代的前进，到了战国中后期，整个社会体系从地方割据转化为集权一统的大势，已经初见端倪，没有一个诸侯觉得自己具备能够凭借一国之力扭转整个时代的力量，纵然强国可以谋求成为真正的主宰，而弱国，还是先管好眼前。

连横相对于合纵最大的优势，就是可以在短期内迅速让弱国参与到和强国的联盟中，至少能够极快地获得强国的施舍和保护。虽然随着复杂的局势风云变幻，与虎谋皮的弱小国家随时有可能被抛弃，但是在这些已经面临被兼并命运的诸侯国而言，能得到，先得到，管什么将来，至于被强国当做屏障或炮灰，那又有什么关系，毕竟命运从来都不公平，出卖自己的国家和尊严并不可悲，可悲的是没能卖一个好价钱。即便是与虎谋皮又能怎么样，至少先是"与虎谋"过"皮"了，而不是直接面对猛虎的血盆大口和锋利爪牙。

所以根本无需对合纵联盟中丑态百出的各位诸侯口诛笔伐，也不用指责为了一己私利而与秦国连横谋利的每个国家。至少在当时，他们都选择了一条自己认为最为妥当的道路，毕竟大家都是棋子，而强大的棋手把自己放在哪里，又有谁能掌控得了呢？至于被利用或抛弃的命运，又有什么可值得抱怨甚至拒绝的呢？毕竟，也没有人拒绝得了。

于是看似强大而且更具备长远战略性的合纵之术，最终被连横术所击破，并不是这两种战略之间孰优孰劣，而是来执行它们的各方势力本身，存在着视野和格局之上，最为本质性的差异。

为何能够两次戏弄楚国？

张仪连横之术的巅峰，应以"戏楚"为例了。公元前313年，秦国计划攻打楚国，为东进开辟南方阵线，同时，打压一下日益膨胀的楚国，也是这次秦伐楚之战的重要战略目标之一。然而楚国能够成为足以抗衡秦国的强大国度，显然国内也不可能全是酒囊饭袋。时任楚国国君的楚怀王虽然有些不拘小节，有些任性，但是他依旧具备着一个大国领袖者应具备的格局和视野。他虽然自认楚国在他的治理之下蒸蒸日上，日益强大，但是显然他也承认楚国的国力对于秦国来说依旧处于下风，想要遏制强大的秦国，单单凭借自己的力量定然不够。于是，齐、楚两国结成攻守同盟，共抗强秦。

时任楚国重臣的屈原也早已看得透彻，虽然在各方努力之下，楚国渐渐从吴越争霸时期的打击中恢复了一些元气，但是依旧根基不稳，虽然广袤的国土和充足的人口让楚国具备了在这个乱世上站稳脚跟的底气，但是面对秦军，楚军依旧胜算不大。他非常认真地劝告楚怀王，一定要维持齐、楚联盟的稳定，并且坚决而谨慎地处理对秦问题。

在这样的政治背景之下，张仪依旧大摇大摆地出使楚国，并且大谈秦、楚当年的友情，甚至隐约间透露着秦王愿意与楚王共治天下的信号，但是，如此优厚的条件背后，当然也是有代价的：与齐国断交。

楚怀王虽然有些动心，但是他也清楚现在齐、楚联盟的存在，或许才是张仪能够客客气气地拜访自己，并且许出承诺的原因之一。他虽然对张仪所提出的将来与秦国共治天下并不怎么相信，但是，他依旧客客气气地接待了张仪，并且开始就张仪提出的外交建议开始商谈。

虽然楚怀王对张仪的话抱有怀疑态度，但是张仪忽然间抛出了两个诱人的说法：第一，就是楚国应该具有符合自身强大国力的领袖地位，秦国甚至愿意在齐楚断交之后从多个方面来帮助楚国；第二，待齐、楚正式断交，秦、楚联合之后，将商、淤之地六百余里，作为两国交好的礼物，送于楚国。

对于秦国许诺并没有太过动心的楚怀王，却难以从白白得到六百余里富饶土地的陷阱中挣脱出来。楚怀王觉得，即便与齐国一直保持盟友关系，除了能够自保以外，也不见得能够得到什么切实的利益，即便是自保，也并不容易，反而平白让秦国警惕，甚至与之交恶，也是极有可能的。并且与一国处理外交关系，比与多国协作看起来似乎更容易一些，再加上六百余里丰饶肥美的土地，显然值得一搏。于是，楚怀王款待张仪，并且下定决心，打算与齐国断交，和秦国交好。

既然已经做出了选择，楚怀王也不是一个磨磨唧唧的君主，立刻发出外交通令，告知齐国，两国就此断交，齐楚联盟，也就到此结束了。齐王有些莫名其妙，虽然不太清楚到底发生了什么，但是作为一个和楚国有着相近国力的强国，既然对方决心断交，那么自己也没什么必要继续坚持什么。

与齐国断交之后的楚怀王兴冲冲地召见张仪，并告诉了他齐、楚联盟的终结。随后，派出一位将军，跟随张仪去接收土地，张仪返回之后，佯装从车马上跌落，以病重难以上朝汇报和促成之前秦楚之间的协议为由，一连拖延了数月。楚怀王单纯地认为，张仪可能认为齐、楚断交不够彻底，所以才故意不上朝。

于是楚怀王从国内选出勇士，前往宋国借出符节，持符节出使齐国，对时任齐国君主的齐宣王破口大骂。齐宣王莫名其妙地被羞辱了一番之后，勃然大怒，拔出宝剑，斩断符节。就此，齐、楚之间，从盟友反而成了仇人。最有可能对秦国的整体战略造成威胁的东方最强大诸侯联盟，就此彻底崩溃了。

张仪的病也就很快好了，然而，却告诉前来接收土地的楚国将官，当初答应许给楚国的土地，并不是六百里，而是六里。对于张仪的这一番无赖行为无可奈何的楚将，只好如实回报楚怀王。

楚怀王大怒，发兵攻打秦国，而两国实力上的本质差距，让楚军的鲜血染红了大地。而且，秦国甚至谨慎到没有仅仅凭借本国的优势军力跟楚国死磕，还拉上了被楚国得罪了的齐宣王一起，重创了楚国，八万余楚军战死沙场，楚国丹阳、汉中一带，被秦军攻陷。愤怒的楚怀王不甘心就此失败，发动了全国兵力，准备殊死一搏。

之前就劝告过楚怀王不要听信张仪的陈轸再一次提出了建议，请楚怀王割地赔款，贿赂秦国，联合秦军，突袭齐国。然而有些任性的楚怀王拒绝了，他觉得，自己的愤怒，唯有战争和鲜血，才能平息。而且楚国如此大国，即便面对虎狼秦人，也未必没有一战之力，何况，临阵贿赂敌人，反戈一击这种阴谋勾当，他不屑为之。

于是，楚国再一次举全国之力，与秦人酣战蓝田。但是很多时候，并不是士气和愤怒就足够平衡实力上的差距。楚军再一次遭到了沉重的打击，数万将士，命丧沙场。

> 张仪乃朝，谓楚使者曰："臣有奉邑六里，原以献大王左右。"楚使者曰："臣受令于王，以商於之地六百里，不闻六里。"还报楚王，楚王大怒，发兵而攻秦。陈轸曰："轸可发口言乎？攻之不如割地反以赂秦，与之并兵而攻齐，是我出地于秦，取偿于齐也，王国尚可存。"楚王不听，卒发兵而使将军屈匄击秦。秦齐共攻楚，斩首八万，杀屈匄，遂取丹阳、汉中之地。楚又复益发兵而袭秦，至蓝田，大战，楚

大败，于是楚割两城以与秦平。

——《史记》

这一次惨烈的失败，终于让楚怀王有些发热的脑袋冷静下来。而秦国也明白，楚国这样强大的诸侯，仅仅凭借着当前的军力，很难一次将其打垮，一旦压迫过重，楚国不惜一切代价，拼死一战的话，对于意在天下的秦国来说，也是颇为棘手的。很快，经过商议，秦国提出，以武关之外的土地，和楚国黔中之地交换，两国平息干戈，再结盟好。得知此事之后，楚怀王任性的脾气再一次发作了：他恨恨地提出了"不要武关之地，只要张仪一人"这种荒唐的要求。

秦惠王使人告楚怀王，请以武关之外易黔中地。楚王曰："不愿易地，愿得张仪而献黔中地。"

——《资治通鉴》

对于秦王来说，计划已久的黔中要地，有着很强的吸引力，然而就此把张仪献出去，到了楚国肯定是难逃一死，刚刚为国家立下大功的张仪，如果就这样为了利益而被出卖，怕是要令天下士子寒心，甚至不再愿意辅佐秦王。毕竟，看起来，愤怒的楚怀王不惜代价，肯定是要将这个引发了两国战争，并且令楚国遭受巨大损失的游说之徒，杀之而后快的。然而令秦王没想到的是，张仪毫不在乎，并且主动提出，愿意成为国家的筹码，并且告诉秦王，自己有足够的把握可以脱身。

张仪闻之，请行。王曰："楚将甘心于子，奈何行？"张仪曰："秦强楚弱，大王在，楚不宜敢取臣。且臣善其嬖臣靳尚，靳尚得事幸姬郑袖，袖之言，王无不听者。"

——《资治通鉴》

结果，张仪贿赂了楚国权臣之后，买通了楚王宠妃郑袖，并告诉她，自己此次来，秦王早知道，楚怀王必定要杀自己，而秦王已经准备好了大批礼物和美女，准备送来楚国交换自己，而自己一旦要被杀之时，秦国美女一到，郑袖的宠妃地位，就要受到冲击和影响了！

结果，郑袖哭哭啼啼地找上了楚怀王，禀告大王自己想要回到老家避难，因为秦国如此强大，张仪又深得秦王喜爱，一旦被楚国杀掉，那么秦国一定会兴兵报复，那时候，楚国肯定是国破家亡，无法抵挡。

楚怀王思量再三之后，再一次放过了张仪。

但是之前答应交换张仪的黔中之地，楚王又很是舍不得。于是，看出了这一点的张仪，又来到了朝堂之上，对楚怀王一番劝告："若秦、楚交好，子嗣通婚，两国姻亲之好，又何必割地?"

结果，舍不得黔中之地的楚怀王又一次答应了张仪。对张仪分裂联盟，将楚国孤立于各路诸侯之外的这个计谋已经看出端倪的屈原，上朝劝谏，请楚怀王遵守约定，交割黔中，杀掉张仪，继续保持和秦国的距离，以便于未来能够继续保持与东方诸侯的关系。然而，楚怀王拒绝了屈原，厚待了张仪。

> 张仪既出，未去，闻苏秦死，乃说楚王……于是楚王已得张仪而重出黔中地与秦，欲许之。屈原曰："前大王见欺于张仪，张仪至，臣以为大王烹之；今纵弗忍杀之，又听其邪说，不可。"怀王曰："许仪而得黔中，美利也。后而倍之，不可。"故卒许张仪，与秦亲。
>
> ——《史记》

结果，楚国按照张仪的计谋，一步步脱离了合纵阵线。分化东方诸侯中齐、楚两国这样看似难以实现的战略目标，就在张仪的几番游说下，实现了。而楚国就此脱离合纵联盟，也为之后武安君白起，千里突袭楚国，而无盟国相救，埋下了伏笔。

并不是楚怀王不够聪明，也不仅仅是他目光短浅、利欲熏心。也不是张仪机敏诡诈，楚国无人识破其计谋。只不过，秦国本身强大的国力基础，为张仪的游说提供了足够强劲的军力支持，让这个本身就具备了出色政治视野和外交才华的说客，始终能够站在一个极为主动的地位之上，翻手为云，覆手为雨。简言之，若是秦国不能威慑列强，击败楚军，那么张仪所有的手段和诡诈，都无从实现。而外有本国强大实力为支持，内有掌控人心、因势利导之辩才的张仪，就这样，成为了用三言两语就能扭转乾坤、名垂千古的一代传奇。

秦武王为什么讨厌张仪？

无论一个君王掌控了多么宏伟的帝国，无论一个将军有着多少丰功伟绩，无论一个昏君有多么幼稚荒唐，无论一个奸臣有多么唯利是图。他们，都难以逃过以时间为刃的死亡之镰。无数有着雄才伟略的君主，到了垂暮之年，都曾经试图伸出颤巍巍的手掌，希望能够抓住永生。但是，显然没有人做到过。

奠定了秦帝国一统天下基业的伟大君主秦惠文王自然也不会例外，无论他有着多么令人战栗的雄心壮志，无论有着多么令人叹服的权谋手腕，他都难以长生不老，公元前311年，时年四十六岁的秦惠文王病逝，葬于咸阳北原。其子嬴荡继位，号秦武烈王。

这个有些性急的年轻君主天生神力，从小就喜爱舞枪弄棒，角力摔跤。秦惠文王死后，他继承了帝位，整个秦国，迅速变了风气，原本就彪悍的秦人，虽然在商君的严刑峻法之下，将这份血气之勇成功地宣泄到了东方诸侯身上，但是本质上，秦人依旧好勇武，多凶悍。

就像当年秦孝公重用商鞅，秦惠文王继位之初却很快车裂了这位改革家一样，秦武王似乎也打算效仿父亲，登位之后，除掉张仪。然而秦惠文王虽然杀掉了商鞅，但是那是出于多方面利益的平衡，而且，虽然商君车裂而死，但是他的法度，给秦帝国指明的方向，依旧在持续着。

张仪身居高位多年，自然也有自己的消息渠道，当他得知武王对自己不喜之后，下定决心，逃离秦国，凭借自己出色的才华和手腕，相比离开秦国，也能够活得很好。而张仪似乎有些不解，为什么秦武王一定要驱逐甚至除掉自己？

其实，秦武王远远不是后世演绎中那般头脑简单、任性霸道。一个年轻的君王，可以在继位不久，就完成平定蜀地战乱，内设丞相整合吏治君权，拔宜阳、置三川的宏大事业，又岂是一个脑子里全是肌肉的匹夫，可以轻易做到的？

秦武王之所以排斥张仪，并不是仅仅因为在太子时期就不喜欢他。张仪所为，多是阴诡权谋，而现在，秦武王觉得，秦人一统天下的时机已经到来了，如果再凭借着张仪搬弄唇舌，戏耍群雄，绝不利于秦国的名声。就像一个千古圣君，如果他成功了，那么他之前所有上不得台面的阴谋诡计都要被粉饰起来一样。秦武王觉得，秦国已经具备了成为天下领袖的实力，而在这前进的路上，所使用的各种各样令人不齿的手段和谋士，都应该为大秦帝国耀眼的光辉让路。

秦帝国一定要凭借着军民一心，力克强敌才发展起来，而不是凭借着三两谋士玩弄文字游戏，背信弃义才从中牟利。秦武王想要一个没有任何污点的大秦国，而不是一个即便一统天下，也被各方势力暗中辱骂为奸佞背信之邦的大秦国。

张仪的所作所为，所有的权谋手段，确实机诡阴暗，他反复利用各方势力人性之中的弱点，零敲碎打地为大秦国谋取各种利益，这其中的手段，毕竟不太光明，虽然这是国家需要的。现在秦武王觉得，几代秦人为之奋斗、搏杀，已经就要实现这个宏伟的目标了，而且，秦国已经具备了这样强大的实力！

然而秦武王看错了一点，他要的光明结果，不一定需要光明的手段。所以，秦国虽然强大，但是却远没有达到他所设想的那般程度，秦帝国依旧需要那些阴暗而狡诈的权术和手段，依旧需要张仪这样的诡辩之才，搅动风云。

于是，大秦国几代人沉甸甸的梦想，成为了秦武王驱赶张仪、捍卫国家尊严和光辉形象的最根本原因，当然，这份沉甸甸的梦想，最终藏在了那个沉甸甸的大鼎里，成了压垮秦武王最致命的一座大山。

张仪得势于秦惠文王扩张之际，失势于秦武王上位之后。并不是张仪本身出了什么问题，而是在位者本身，对于局势和未来的理解变了味道，永远都只有永恒的利益，而没有永恒的忠诚。即便张仪为秦国做出了出色甚至令人震撼的贡献，在整个国家的完整体系面前，都不值一提。秦武王驱赶张仪这件事情本身并没有错，因为一个光辉而宏伟的帝国需要一个同样光辉而伟岸的光环。驱赶张仪唯一的错误，就是选择了一个错误的时间罢了。

秦武王讨厌的并不是张仪，而是喜爱光明磊落的大国气度。阴谋诡计是一个王朝重要的奠基部分，但是却要深埋在帝国宏伟大厦的最底层。搅动风云，应凭借刀剑与力量，拨动乾坤，自要光辉与尊严。然而，当刀剑与力量不足之时，只好依靠阴谋和权术，当光辉与尊严缺乏支撑的时候，还应继续隐忍。继续背负着背信弃义之名，为了后人能够站在阳光之下。

张仪在秦国的成功，源自于符合了国家的利益，同时又具备着足够的才华，而张仪在秦国的被驱赶，也同样符合国家的利益，只不过这利益并不是话语权者所认为可以得到的方式，能够得到的。

当光明来临之时，曾经的黑暗才会悄然褪去，隐藏在一个人们看不到的角落里，衬托着光明的美好。

儒墨道法，书尽春秋兴亡事——吕不韦

　　商贾出身，被后人笑称为"中国第一风投"。将奇货可居的经营技巧发挥到淋漓尽致，将两代秦王送上历史的舞台。其中的一位，就是后来一统天下的千古一帝——始皇嬴政。旋即，主持编撰了中国历史上具有划时代意义的杂家巨著《吕氏春秋》。然而欲望和君心最终爆发了激烈的冲突，自尽身死。他，就是大秦仲父，一代传奇名相，吕不韦。

为什么选择了落魄的异人？

春秋战国年间，群雄并起，尔虞我诈，明争暗斗，既有朝堂之上游走政客唇枪舌剑，搅动风云，又有沙场之中忠勇义士生死搏杀，血沃荒原。每一个国家都在这混乱的乐曲之中，拼尽力气，想要发出自己的声音，即便是刹那的绝唱，也可以百死不悔。狼烟起处天地乱，皇庭深深冷暖薄，相对于后世，春秋战国年间，人命如草芥，也确实当得起再加上一个"更"字。无论黎民百姓，不论士卒将军，在这个乱世之中，每一个诸侯国中的一切，都可以成为统治者谋求利益的筹码，无论是物，还是人，无论贫穷卑贱还是高贵雍容，没有任何人，可以逃脱成为交易筹码的命运。

时年有惯例，两国若是关系不睦却又不便轻启战端，常常将本国比较重要，或者说对方认为比较重要的人物派遣过去，客居他国，以起人质之效。而对于国家之间的博弈来说，这个比较"重要"的人物，其身份就非常奇妙了。首先，必须具备能够令对方认可此人的价值，其次，此人又不能动本国的要害。如此一来，能够具备这样条件，却又在两国真正彻底决裂之后，不会因为其客居敌国被杀而动摇国家根本的，也就只剩下皇子了。

并不是皇子不够重要，也不是所有的国君都可以舍得让自己的亲生儿子远赴异乡，被对手当成人质。只不过，在这个混乱世道之中，别说是儿子，到了紧要关头，为了实现一定的目标，连自己的老命都极有可能毫不犹豫地丢上赌桌。虽然亲情是的确值得珍惜的，但是在政治和利益面前，至少在这个时代里，还不够看。

就像交易一样，蛮荒时代的交易常常是以物易物，并不是第一个选择用一头牛换了一条鱼的家伙确实亏本了，那只不过是他认为自己的牛能够给自身带来的价值和利益，和那条别人手里的鱼相比，还要更低一些。于是，他就会认可这次交易。其实人类社会的一切交集，从本质上来说都算是一场交易，即便是动用身体强大的力量，从一个弱小孩子手中抢走一件玩具。

而所谓的明君或者圣人，他们都是将这场交易做到了极致。他们可以付出他们所认为最小的代价，让大多数人获得最大限度的满足感，从而心甘情愿提供他们所需要的一切。当然，人类之所以能够从相对于其他生灵动辄几十万年的进化时间，快速地成为整个世界的主人，显然并不是凭借上天赐予的强壮肉体，毕竟，一个人和一头猛虎比拼力气和爪牙的话，应该不是对手。

人类之所以能够飞速进化，就是因为人类具有卓越的智慧，逐渐学会了制订规则来控制和集中团队的力量。当第一个氏族部落，围绕着熊熊燃烧的火焰，开始手舞足蹈地祭拜未知的神灵之时，这个整体就成为了被规则所约束而凝聚而成的，更加有力量的物种。

　　规则的存在虽然并不能喂饱人类的肚子，但是规则可以整合团体的力量，开始通过一定的手段和技法，更加有效地从自然界中获取能够维持生命的客观生产资料。于是渐渐有了工具，有了耕种，有了一步步走向巅峰的人类社会。

　　显然，到了春秋战国年代，人类社会的规则基础中，耕作获得粮食、工匠制作工具、军队保护本国利益这种体系已经极其完善了。凭借着逐渐成熟的生产技术和格斗技巧，人类已经可以开始向着下一个需求领域缓步前进了。

　　人类社会的交易体系越发成熟，一个脱离基础生产资料创造，又不是凭借武力保护国家，也不能提出先进的思想意识推动社会进步的职业悄然出现了，那就是商人。因为一种能够凝结了无差别人类劳动价值的全新交易媒介——货币的出现，商业开始逐渐活跃起来。毕竟，任何事物或者体系的萌芽、成长，乃至于完善，都是为了满足人类更高层级的生存需求。商人自然也不例外。

　　但是，只是将农民从土地里耕种所获取出来的劳动成果，通过一定的渠道和手段转化成货币，再利用货币购买大众认可的价值更高产品，并且继续进行下一步的交易，谋求更多的交换，并且在交换中谋取货币这种行为本身，并不是很受到人们的尊敬。因为他们的劳动价值被隐藏在交易过程之中，并没有轻易地被人发现，于是出售商品和购买商品的双方，都觉得被这个衔接渠道从中获取了利益，虽然是无可奈何，但也自然不会太满意。加之各国征战不休，充当交易媒介的货币体系不能统一，也并不完善，而且整个交易格局，充斥着各种各样的漏洞。另外，最致命的因素，是货币本身被大众所认可的价值，因为地域、战争和政治等多方原因共同干扰，不具备稳定这个最重要的基础条件。

在战乱时期，无论是货币还是商人，他们与能够实实在在填饱肚子的粮食以及有力气斩杀敌人的战士相比，都处于绝对的下风。即便是贵金属，在饥饿面前，也不能立刻通过被大众认可的昂贵价值，实现购买能力。当然，无论多少货币，在刀剑面前，也没有太大的意义，因为购买"对方不杀死自己"这项价值，在交易过程之中，是绝对不会平等的。

在秦国，刚刚经历了商君变法的改革动荡，连年的对外征战之后，整个国家都弥漫着硝烟的气息。商君虽死，但是他的法令和思想却得到了极其彻底的传承。在商君的规划之下，国家似乎只需要能够勤勤恳恳提供粮食的耕夫，妥善衔接生产和战争关联的官吏，以及悍不畏死的杀戮军队就足够了，商人在这个具备了军国主义雏形的强大帝国之中，并没有足够的价值，当然，与之匹配的，就是这个职业体系，在整个国家内，处于极其低下的社会地位。

但是在整个秦国都处于一个极其狂热地追逐耕种和战争的大环境之下，安阳出现了一个奇怪的年轻人。好像家中，还有些余财。不过这个公子哥却根本不务正业，既不耕种，也不习武，只是游历。

他一会儿溜达到齐国看看海盐海产，一会儿又跑到楚国打听打听皮革木材。没消停一会儿，又跑到燕国市场看干果的价钱。各地游历归来之后，他发现，姜在巴蜀很便宜，到了赵国几块姜就能换个大美女投怀送抱；燕国的大枣栗子按筐扔在市场便宜得令人惊奇，而南楚却把这东西当成只有贵族才能享受的奢侈品。于是，他开始有意识地低买高卖，囤积居奇，并且，他不参与国家之间的政治，也不想给自己随便贴上一个秦国人的标签，他对各国的民众都很友好，又深谙为人处世之道，于是他的商业渠道，在列强混战的年代里，竟然就这样磕磕绊绊地建立了起来。

这个奇怪的人，叫吕不韦。

秦赵之间，纠缠颇深，战争不断。经过了数次大战的洗礼，两国各自疲惫不堪。而继续旷日持久的战斗，显然不太符合两国的利益，毕竟，谁也不想赌上国家的命运，拼尽全力，打到两败俱伤之后，被别的诸侯捡了便宜。于是，秦赵开始修复关系，并且，秦国派出皇子异人入邯郸为人质，以示诚意。

显然，两个并不友好的国家，出于更多的利益需求放下了各自的武器，但是两国之间还是有着浓浓的火药味。这样局势下的质子，很明显并没有什么好日子过。毕竟秦国东进的路上，总归要与赵国发生激烈的利益冲突，战争随时有可能在其中一方缓过劲来之后，一触即发。

若是两国战端一启，作为人质的异人必定难逃一死。秦国朝堂之上，显然也知道这个结果，所以被派出的异人一般就是诸多王子之中，最为不得势的。从表面上看，这位王子虽然身份尊贵，但是实际上，也是被各方势力排挤和抛弃的一枚弃子罢了。

秦昭襄王年间，赵将廉颇两败秦军，秦太子安国君的儿子异人不得已之下客居邯郸。此时，距权倾朝野的大秦宣太后芈月身故，仅过十余年，老虎虽死尚有余威。秦孝文王之妻华阳夫人，从辈分和血缘上，正应该叫芈月一声姑奶奶。显然，在秦国，这位夫人有着举足轻重的地位。但老天给了她许多，也自然取走了一些，她一生无子。

有了这些先期条件，吕不韦开始行动了。他先找上异人，并且许诺帮助他登上秦国权力之巅，但是提出：一旦成功，就要进入大秦帝国的权力核心。异人觉得反正现在的局势已经不能更坏了，就答应了下来。于是，吕不韦自命为皇子异人的代言人，开始了一场撬动历史的精彩营销。

紧接着，吕不韦重金贿赂了华阳夫人的姐姐，获得了觐见资格。把异人这个势单力孤、穷途末路的皇子，说成了华阳夫人延续和保障自己权力的重要支点。没有人会不关心自己的切身利益，尤其是处于帝国高层的华阳夫人，于是，华阳夫人决定见见异人。

吕不韦知道华阳公主是楚国人，通过自己畅通的商业渠道，立刻着人购买了一套楚国服饰，并让异人穿着，以华阳夫人娘家楚国的角度，扮演一个孝子的身份，果然，获得了华阳夫人的认可和喜爱，并且当场认为义子，赐名子楚。随后，孝文王就不止一次被吹了枕边风，终于，孝文王立子楚为太子。

就这样，一个落魄皇子摇身一变成为了强大秦国的国之储君。吕不韦的所有付出，自然也得到了相应的回报。掩卷而思，吕不韦为什么在诸多条件远比异人更优秀的皇子中，偏偏选择了这个看似没什么前景的人质皇子呢？

其实，吕不韦的这个选择，恰恰是符合了包括华阳夫人、朝堂重臣等多个势力的最佳人选。因为落魄，所以没有自己的根基，对于朝臣来说，一个羽翼丰满的太子显然比一个一穷二白的人质更加难以控制。对于华阳夫人来说，选择异人，不仅仅是故国情怀，因为异人不但触动了她怀念家乡的心底柔软，而且，异人没有自己的宫闱势力，必须依靠华阳夫人，相对于那些已经在后宫之中有了一定根基的王子而言，异人依靠华阳夫人，登上王位之后，对华阳夫人才是最好的选择。而后宫复杂的派系斗争之下，如果华阳夫人的敌人之子登上权力之巅，那么，华阳夫人又怎么能继续保持在秦国尊贵的身份呢？

何况，吕不韦选择的异人，是所有人都不看好的，在前期运作之中，被所有对王位有野心的皇子盯住并且阻碍的可能性是最小的，一旦度过了最危险的前期，依靠华阳夫人在后宫的影响力，雷霆之势，不动则已，一动则让所有王子再没有挽回的机会。

就像吕不韦自己所说的，奇货可居，相对来说，最低廉的投入，最为便利的条件，远远比巨大风险之下，难以掌控的其他皇子，更加稳定。

赵姬在漩涡中到底算什么？

自古以来，总有笑谈说"英雄难过美人关"，在那个被暴力所左右的乱世之中，每一个人都是漩涡里拼命挣扎的小舟。而人总归是有着不同于其他动物的情感、追求和爱好。相对于丑陋来说，美丽更容易令人接受和喜爱。

在这个男权主义大行其道的战国乱世里，每一个有着宏伟志向的野心家，都不会拒绝掌控的力量。掌控一个人，可以得到他的支持，如果这个被掌控的人，再拥有高贵的身份，那么这份掌控所带来的利益就更加巨大。

异人虽然在吕不韦的支持和运作之下，一步步登上了权力巅峰。但并不是所有人都愿意把感恩之心放在很重要的位置。对于见惯了权力斗争、腥风血雨的皇子异人来说，尤其如此。显然，想要获得之前投资所带来的政治利益，吕不韦也根本没打算靠着异人对自己的感激来获得。对于一个商人来说，感激并不能带来什么约束力，更遑论仅仅靠着感激就可以让一国之君，落入自己的掌控之中。

想要控制一个人，可以有很多办法，比如金钱、比如刀剑、比如情感。

吕不韦虽然凭借前期的投入，帮助对方登上了大秦帝国的权力之巅，但是这并不是吕不韦所需要的回报，登上王位的是异人，而并不是吕不韦，异人所获得的权力，以及权力可以带来的利益，固然客观，却并不属于吕不韦。既然异人成为了秦帝国的太子，他自然已经不再是那个落魄邯郸的倒霉质子，那么吕不韦的金钱，在这个环节，已经失去了掌控的力量。而没有刀剑，一个商人，又怎么可能有威胁秦帝国太子的武力呢？

吕不韦当然也知道这一点，所以，他很快选出了一位美丽的赵国女子，让这个女人接近并获得异人的喜爱。从华阳夫人能够吹枕边风，而这阵风甚至能左右国之储君的选择这一点来看，吕不韦的这次选择，至少看起来还不错，异人也对吕不韦送来的这个女子，言听计从。

这个女人，叫赵姬，也就是后来千古一帝秦始皇嬴政的生身母亲。

吕不韦通过赵姬的枕边风，掌控着异人。但是异人显然并不是满脑子肉欲的单纯匹夫。虽然喜爱赵姬，尊重吕不韦，但是他更喜欢权力。当然在此时，他追逐权力并没有什么错，因为吕不韦对他的辅佐和帮助，就是希望他能够得到秦帝国的权柄。

公元前 251 年，秦昭襄王去世。异人之父安国公继位为王。

称秦孝文王。第二年，即公元前 250 年，秦孝文王正式登位仅仅三天，暴毙身亡。异人继位，为秦庄襄王，封养母华阳夫人为华阳太后，吕不韦为文信侯；大赦天下，安抚宗族。公元前 249 年，秦国得悉了东周文公密谋联合诸侯共同攻秦的消息，先发制人，暴起发难，主动出击，灭亡东周国，迁东周公于阳人聚（今河南省临汝县以西）。至此绵延了数百年的周王朝土崩瓦解，秦帝国横扫天下的梦想，闪烁着令人心悸的光芒。

这样一位君王，他的掌控欲是极强的，显然不太甘心受制于人。虽然吕不韦为了能够获得今天的地位付出了很多，虽然赵姬也确实很得秦庄襄王的喜欢，但是，那又怎么样呢？在权力面前，任何事物都是脆弱的，没有什么情感可言。

至此，赵姬的作用，下降到了最低。

在吕不韦看来，这个女子，是用来迷惑和掌控异人的工具而已。商人出身的吕不韦，喜欢将一切都物化起来，即便是人，也是有价格的，投入在异人身上的巨大付出，似乎得到了不错的回报。赵姬在被送给异人的初期，正是她对于吕不韦来说价值最大的时期，对吕不韦掌握权力、控制异人起到了巨大的作用。但是异人渐渐有了脱离掌控的苗头，吕不韦也终于感觉到了，经商与政治的不同。

异人和吕不韦之间逐渐有了间隙，但是没等到双方爆发真正的冲突，在位仅仅三年的异人就因病去世了。年幼的皇子嬴政登上帝位，吕不韦被奉为相父。赵姬常年的寡居，淫乱之心难以控制。吕不韦为了控制赵姬，竟然进献嫪毐入宫，以满足赵姬的淫欲，这一次，赵姬已经不再是当年那个被多方势力当作商品和筹码一样随意抛弃的孤身美姬了，她已经是这片土地上最强大帝国的太后了。羽翼渐丰的嬴政，借此事勃然大怒，下定决心整肃宫闱。那个被吕不韦送去满足太后欲望的嫪毐，竟然凭借太后多年的宠信和其所积攒下来的力量，与秦军发生了激烈火拼。虽然，嬴政获得了最后的胜利，但吕不韦也因此事受到了牵连。

回首之间，已是千年。赵姬在这场漩涡中，先是成为了各方势力用于平衡局面的筹码，被随意赠送，毫无尊严。随后，又突然获得了极高的地位，性情变化，做事荒唐。甚至被雄才大略的秦始皇嬴政，当作借势削弱和铲除吕不韦为首的朝堂势力的引子。

何其可悲，这场本应是男人之间的殊死搏杀，被她添进了一丝阴柔的味道，暧昧的传说和淫乱的名声伴随终生。这场漩涡之中，一个被用来推波助澜的道具，忽然触摸到了力量的核心，于是想要获得这股力量，于是出现淫乱朝政的荒唐局面。说到底，这个可怜又有些可笑的女子，就是一个想要从筹码变成庄家，却没能成功的吕不韦手中的商品。

编《吕氏春秋》有什么用？

吕不韦大权在握之时，单纯的权势已经不足以让这个已经站在世界巅峰的商人满足了。他开始想要做一些更加有趣的事情，于是，他决定以儒家学说为骨干，道家理论为基础，法、墨、农、兵、阴阳学家理论为素材，编撰一部震烁古今的鸿篇巨著。

当时乱世，有信陵君、春申君、平原君、孟尝君四公子纵横天下，门客众多，声势浩大。吕不韦已经得到了当时最强帝国秦国的巅峰权力，自然不愿弱了声势。不过，商人出身的他并不是太看得起豪侠猛士，在他看来，没有什么猛士是财富和智慧的力量所不能打败的。况且，虎狼秦国，也并不缺少冲锋陷阵的沙场猛将。只是，与别人不同，他所奉养的门客，多为才思敏捷、文采出众之人。当足够多的数量积攒在一起，就很有可能会产生质变。足够多能征善战的侠客武将，就能产生足以震慑敌国的力量，足够多智谋机敏的文人墨客，也就自然会产生能影响意识形态的思想力量。

而吕不韦，决定将这种思想的力量，凝聚和汇总在一起，在历史上，留下自己的痕迹。有了财富，就容易创造出便于思考的物质条件，有了权力，就能运用国家的力量来获取资料，当吕不韦两样都拥有的时候，一部名传千古的鸿篇巨著，《吕氏春秋》诞生了。

此书，是中国历史上，第一部有组织按计划编写的文集，上应天时，中察人情，下观地利，以道家思想为基调，坚持无为而治的行为准则，用儒家伦理定位价值尺度，吸收墨家的公正观念、名家的思辨逻辑、法家的治国技巧，加上兵家的权谋变化和农家的地利追求，形成一套完整的国家治理学说。全书分为十二纪、八览、六论。十二纪每纪五篇共六十篇，八览每览八篇（《有始览》少一篇）共六十三篇，六论每论六篇共三十六篇，另有《序意》一篇，共一百六十篇。十二纪按照月令编写，文章内容按照春生、夏长、秋杀、冬藏的自然变化逻辑排列。可以说，这部《吕氏春秋》，前无古人，规模宏大，包罗万象，是先秦诸子百家的智慧结晶。

这样一部巨著在吕不韦的推动和主持之下渐渐成书，让他感受到了完全不同于权势和财富带来的快感。当然，他的本质依旧是一名商人，等到成书之时，吕不韦志得意满。他骨子里商人营销的本能，再一次出现了。虽然此书让他非常满意，但是，显然不是短期之内，就能让他名传天下的，于是，他利用权势和财富，将《吕氏春秋》全书抄写而出，布贴咸阳城上，并且声称"能增、减、改其中任意一字者，赏千金!"并且将这赏金挂在城头。

这场惊世骇俗的悬赏，让这部巨著迅速被天下士子得知。毕竟士子们也不都是每天富裕得无所事事，这样一本洋洋万言的合集，怎么可能到了一字都难以改动的程度？前往咸阳，改动此书，既能扬名立万，又能获得重赏，何乐而不为？

一时间，风云涌动，天下士子如潮水般涌向咸阳，然而，凝聚了手下三千门客智慧的经典著作，又岂是能够轻易改动的？而这件事发生之后，全天下都知道了，一向以虎狼之师和蛮荒嗜杀而著称的秦国，竟然有了这样一部足以令天下士子折服的鸿篇巨著。而主持编撰这本《吕氏春秋》的吕不韦，也成为了由商入政、由政入道的士人偶像。

由此看来，这场一字千金的封赏，果然成为了一个令人瞠目结舌的商业传奇。这其中，吕不韦投入了巨大的财富，动用了国家的力量，集合了数千门客的智慧。所换来的，正是他想要的名声和舆论。这样一场伟大的营销，让天下人都开始认可吕不韦在这个时代中所起到的巨大作用，将他的人生智慧，传播到了整个世界。

而且，士子作为这个时代舆论的主力，他们强大的思想力量虽然不足以对抗锋利的刀剑，但是却可以煽动和引导民众的内心。对于政客来说，民心所向，绝对是一种重要的资源和筹码，即便是曾经运用过不光明的手段，即便是投机取巧站在了云巅，在强大的舆论力量影响下，也能够清洗曾经低微的出身，更能影响到君王的决断。

就像当年的晏婴，凭借着民心所向让敢于将屠刀伸向国王的豪族崔氏也不敢杀他。吕不韦也希望这场声势浩大的行动，成为自己争取保护更多权力和利益的保护伞。即便秦王嬴政最终逼迫吕不韦自尽身死，也在士子的谴责和口诛笔伐之中，背负骂名，一败涂地。

吕不韦编撰这部巨著，扬名立万固然是重要的原因，但是，实际上，他早已经发现了嬴政与其父亲异人绝然不同的强硬性格。嬴政不会允许他这样能够分享大权的帝国重臣如鱼得水，君臣之间早晚必有一次激烈碰撞。吕不韦如此作为，何尝不是又一次投资，希望得到舆论和民心的保护，以继续在大秦帝国的朝堂上占据一席之地。

但是，显然他小看了嬴政对于权力的渴望，对于控制的决心。

掩卷而思，一字千金的《吕氏春秋》，又怎么不算是吕不韦倾尽全力，为自己的生前身后，打造的一块护身符呢？

淫乱宫廷的嫪毐害死了他？

吕不韦的年龄越来越大了，秦王嬴政也一天天长大。但是赵姬已经不再是那个漩涡中无力反抗的弱女子，她有了尊贵的身份和地位。但是，一个从一开始就被当成取悦男性进而被控制的女子，对于权力本身的玄机，并没有多么深刻的理解。吕不韦安排赵姬成为异人的妻子，甚至成为了一国太后，原本有着自己的政治目的。但是赵姬却不再是那个任由吕不韦操控的提线傀儡，她终于明白了自己应该是一个正常的女人。于是，她开始疯狂地索取，满足自己的肉欲。如果平常人家的寡居女子如此做，最多也就被街坊邻里骂不守妇道，而一国太后如此荒唐的行为，却极有可能动摇一国根本。

吕不韦为了能够继续控制赵姬，决定进献嫪毐，满足这位寡居太后的肉欲。于是，吕不韦有他的政治目的，嫪毐得到了这个机会，也有了自己的野心，唯独只有赵姬，丝毫不受这场诡异而可怕的暗流影响，放肆而忘我地，享受着肉体的快乐。

嫪毐有嫪毐的欲望，吕不韦有吕不韦的想法，秦王嬴政也自然有着秦王的考量。唯有赵姬，并不太在意这些，在她看来，做了一辈子别人的玩物和筹码，身不由己地经过了这么多年，如今成了太后，有了如此高的地位和权力，如果不肆意享受，这一生，该有多么悲伤！于是，她毫无顾忌地和嫪毐淫乱着，嬉闹着，玩耍着，并且，为了让嫪毐能够更好地满足她，甚至通过太后的身份，运用权力，给嫪毐封官进爵。

嫪毐当然不是一个只会凭借秉异天赋取悦太后的工具，至少，他自己并不想被太后当作泄欲工具。于是在他不断地要求和纠缠下，满脑子都是享受肉体乐趣的赵姬也就开始为自己这个男宠争取权力，以便于他能够更加全心全意地伺候自己。

公元前 239 年，嫪毐获封长信侯。按照春秋战国时代的官制和礼法来说，侯爵已经是非皇室宗亲可以获得的较高封赏了。在秦国这个法家治国的体系之中，没有寸土战功，对没有为国家人文做出杰出贡献的嫪毐获封，已经引起了朝野上下诸多不满。当然，秦朝严苛的律法，将君主的权力高度提升，整个国家虽然对嫪毐封侯并不满意，但是，也没有太过激烈的反应。

得封侯爵的嫪毐有些飘飘然了。一个从没有品尝过权力滋味的家伙一旦尝到了甜头，就更加难以控制，嫪毐愈加过分，不但没有安分守己，悄悄地关起门来享受，反而大张旗鼓，颇有些皇亲国戚的霸道。而且，他也开始蓄养门客，整合自己的势力，试图追求更加庞大的利益。

嫪毐以山阳郡（今山东巨野）为食邑，又以河西、太原等郡为其封田。嫪毐门下最多时有家僮数千人，门客也达千余人。此时的他，已经不再仅仅是那个靠着下半身出卖男性尊严的棋子了，他要走上前台，走到命运的轮盘前，拨动乾坤。

有了权力的嫪毐不再对推荐他的吕不韦言听计从，凭什么自己堂堂侯爷，手下门客千人，要听别人的摆布？自己也是有地位和势力的人了，虽然吕不韦提携了自己，但是，也就这样罢！发现嫪毐逐渐脱离掌控的吕不韦惊怒交加，两人的关系迅速交恶。

但是，嫪毐有着太后的支持，羽翼渐丰，在和吕不韦的几番交锋之中，并没有处于明显的下风，这让吕不韦非常痛苦，因为自己的投资，最终竟然成为了自己的敌人。对于商人来说，无异于自己掏钱买了一把刀，然后递到别人手中，扎向了自己。

吕不韦苦闷异常，之前将赵姬献给异人，将异人推上皇位，至少成为了自己人生向前的助力。而这一次，将嫪毐献给赵姬，却出了如此大的问题，甚至到了足以威胁到自己切身利益的程度了。而且，他又对此没有什么太好的解决办法。如果想要扳倒嫪毐，只有从其出身这件事上找机会，但如果真的深抓了这个问题，那么自己也难辞其咎。

　　这样一个尴尬的局面，让机敏多智的吕不韦无所适从。他虽然想要扳倒这个自己一手树立起来的敌人，但是，前提肯定是不把自己也搭进去。通过不断地观察，他已经发现，当下的秦王嬴政，绝对是一个多疑而果决的铁血之君。如果出现了如此严重的宫闱丑闻，这位秦王，绝对会毫不犹豫地把自己也一起除掉。更何况，原本少年亲政的这位秦王，对于权力就有着异乎寻常的敏感和执着，就算没有这件事，自己手握重权，早已经被嬴政记挂在心了，只不过没有寻找到合适的时机和借口，彻底除掉自己。

　　于是吕不韦只好暗中等待。可是嫪毐不像这个勤勤恳恳从底层一步步混到当今地位的相国这样谨慎，他的人生，可谓是一步登天，自然对于所谓的权力斗争之艰辛，没有什么充分的认识。而且，他也不认为自己的所作所为有什么不对。

　　一日，嫪毐醉酒，竟然口无遮拦地将自己私通太后的事情当成吹嘘的谈资说了出去。这一下，引起了轩然大波。嫪毐不但没有谨慎处理，反而颇有些小人得志般的洋洋，甚至称自己是秦王嬴政的"假父"。更是与赵姬有了孩子，还露出口风，说等到嬴政身死，就将皇位交给这个孩子。

　　嬴政原本就对当下的朝局颇为不满，得知这个消息之后，勃然大怒。这已经关乎到了他的出身血统、统治根基。如此的冲击，对于秦王嬴政来说，是绝无法忍受的，这一次，即便是得罪母亲，他也在所不惜了。更何况，虽然会得罪太后，但是他更在意皇权，就算是太后不满，为了自己的稳固统治，也必须要以雷霆手段，迅速平息。皇权面前，所谓的亲情和面子，都没有任何价值。

　　于是，秦国国家军队和嫪毐等势力的门客家卒发生了激烈的流血冲突，嫪毐甚至准备调动咸阳附近卫戍部队，一不做二不休地发动一场政变，打算将这场闹剧进行到底。反正，所谓千秋功过，自有后人评说，如果自己和赵姬的孩子能够登临帝位，那么自己所有不光彩的出身和发迹过程，都会被粉饰得光辉无比。

按捺不住对权力的憧憬，嫪毐甚至假借秦王和太后的印信，试图调动军队来完成政变。但是嬴政所掌控的力量，已经渐渐羽翼丰满，军方显然更加认可一个雄才大略的君王，而不是一个凭借下半身上位的男宠。

于是，嫪毐所属势力，被绞杀殆尽。嫪毐自己，也被车裂处决，其三族被诛，凡是跟嫪毐有过瓜葛，并且有可能牵连其中的各方官员，有二十余人被枭首示众。与嫪毐有关的劳役仆从，也都处以流放等严重的处罚。至此，秦王嬴政，掌握了朝堂之上的大部分权力。

吕不韦也没能在这场激烈的动荡之中全身而退。作为推荐嫪毐入宫的始作俑者，嬴政当然对他也颇为记恨。况且，现在整个国家体系的权力基本已经被嬴政收拢在自己手里了，一个主持编撰了传世巨著《吕氏春秋》的两朝元老，绝对不是一个雄才大略君王的良好辅臣。况且，吕不韦的性情，早已被嬴政看透，这个追逐利益的商人，早晚会成为自己某些计划的掣肘，与其到了那个时候再解决麻烦，还不如借着嫪毐事变的余波，好好削弱一下这个老相国的势力。

嬴政在平息了嫪毐政变的余波之后，下令要处死吕不韦。但是多年以来，吕不韦在朝堂之上也有着深厚的根基。况且《吕氏春秋》这部帝王典籍的编撰，也为他赢得了士子之心。曾经大权在握的吕不韦，提携和选拔了很多人才，这些人当然不会全如嫪毒一般忘恩负义，在嬴政下令处死吕不韦之时，诸多官员士子纷纷站出来，为这位两朝元老恳求赦免。

公元前237年十月，嬴政顺应人心，看在众多士子为其求情的份上，网开一面，放过了吕不韦，只是免去了他的相国职权，将他迁出咸阳，发往洛阳封地。吕不韦虽然不再有权力，但是至少保住了性命，也得到了一块足够过完后半生的封地。

> 王欲诛相国，为其奉先王功大，及宾客辩士为游说者众，王不忍致法。太秦王十年十月，免相国吕不韦。及齐人茅焦说秦王，就国河南。
>
> ——《史记》

但是，让吕不韦最为担忧的一件事情发生了。虽然他被贬往河南，看似已经远离了权力中心，但是当年的名望却在此时产生反面的影响。天下士子得知吕不韦被贬往河南，多上门拜会，声势颇大，看似风光，实际上却蕴含着致命的危险。

果然，向来多疑，且对权力有着极强掌控欲望的嬴政，得知了天下士子云集河南，一一拜会吕不韦的消息，颇为不满。他知道，就算是吕不韦没有什么特别的想法，在众多士子的舆论之下，自己的统治根基也一定会受到一定程度的冲击。至于将这股舆论汇聚为一股的吕不韦也就成了嬴政的眼中钉。

当然，直接处死吕不韦并不太容易。于是，嬴政给吕不韦写了一封信，其大意多为指责，并且下令让吕不韦迁往蜀地。

已经明白秦王心意的吕不韦有些心灰意冷了，他明白秦王再一次逼迫自己迁往蜀地，实际上并不像书信中说得那么简单，因为这封书信，特意问出了"你与秦国皇室有什么血缘关系，敢自称仲父！"这样的话语。显然，这是秦王嬴政对他的暗示。秦帝国即将一统天下，当年所有的污点都必须清洗干净。而他自己，知道的太多了。

于是，由商入政、由政入道的传奇商人吕不韦，服下毒酒，自杀了。

> 岁馀，诸侯宾客使者相望於道，请文信侯。秦王恐其为变，乃赐文信侯书曰："君何功於秦？秦封君河南，食十万户。君何亲於秦？号称仲父。其与家属徙处蜀！"吕不韦自度稍侵，恐诛，乃饮酖而死。
>
> ——《史记》

其实，最终导致了吕不韦被迫自尽的，并不是因祸乱宫廷最后失败而牵连了吕不韦的嫪毐，而是吕不韦自己已经失去了当初对政治风向的判断和谨慎。而且，想要通过士子舆论来做自身保命符的吕不韦，根本没有想明白，当自己拥有了过多的舆论支持，一旦自身与君王的根本利益发生了冲突，那么越多的支持，就是越锋利的屠刀。

而且，吕不韦出身商道，凡事习惯了审时度势，起初，这样的性格和做法本身，并没有任何问题。但是，当他不再是一个普普通通商人，而是和政治有了千丝万缕的联系，且成为了全天下最强帝国的头号重臣之时，他没有想明白，自己此时，到底应该如何审时度势？而是依旧按照一个商人的思维模式来处理政治问题。殊不知，商人和政客，最大的不同，就在于商人的交易可以由价值和利益来做出决断，而政客，却需要考虑自身利益的同时，也考虑到君王的意志，是不是与自己的利益还在同一个方向上。

逼死了吕不韦的并不是只靠下半身思考的嫪毐，也不是薄情寡义的秦王嬴政，而是他自己。他在一场赌上了一切的买卖中，选择了错误的交易对象。当然，这与吕不韦本身聪慧与否没有什么关系，这只与他的视野和格局紧密相连。从他选择了投资政治，想要博取比商业更高收益的同时，却没有及时改变自己的价值判断和思维模式的那一瞬间起，就已经注定了，在不久的将来，他一定会为自己的这次惊天豪赌，背负上时时刻刻都会致命的绝高风险，以及可能会输光一切的悲惨结局。

当然，即将实现大一统的秦国，本身也不像吕不韦设想的那般，是一个极高的起步平台，这个强大的帝国朝堂，不是吕不韦实现梦想的那个让他如鱼得水、游刃有余的繁华市场，而是足以悄无声息地将他埋葬的黑暗坟场。